SEXE MACHIN

Du même auteur

Au fond du labo à gauche
De la vraie science pour rire
Seuil, « Science ouverte », 2004
et « Points Sciences », 2006

Viande froide cornichons
Dans les annales des sciences médico-légales…
Seuil, « Science ouverte », 2006
et « Points Sciences », 2007

ÉDOUARD LAUNET

SEXE MACHIN

Quand la science explore la sexualité

ÉDITIONS DU SEUIL
*27, rue Jacob, Paris VIe*

CET OUVRAGE EST ÉDITÉ PAR NICOLAS WITKOWSKI

Plusieurs de ces chroniques ont été publiées
en 2005 dans le quotidien *Libération*
sous la rubrique « Sciences et vits ».

ISBN 2-02-094624-7

www.seuil.com

« Il se publie actuellement tant d'ouvrages sur la sexualité que l'on ne demande même plus aux gens de se taire dans les bibliothèques, mais seulement de garder leur calme. »

PAULO VINCENTE

Avant-propos

ASSEYEZ-VOUS, ne bougez plus, écoutez bien : nous allons vous raconter des histoires. De belles, de très belles histoires. Même si, çà et là, il sera aussi question d'éjaculations précoces, de curiosités anatomiques et de perversions incroyables. Car nous parlerons de sexualité, et uniquement de cela.

C'est un sujet bien vaste : le sexe est une géographie vertigineuse, une combinatoire explosive, un horizon sans cesse repoussé. Notre modeste pratique de la chose – qu'elle soit quotidienne, mensuelle, annuelle ou manuelle – ne nous dévoile généralement, ô frères humains, qu'une fraction négligeable de ces perspectives infinies. Dans le fond, il faudrait voir le sexe comme un cosmos. Nous n'habitons qu'un tout petit coin de l'univers, notre expérience terrestre est très pauvre au regard des phénomènes prodigieux qui agitent les profondeurs du ciel. Pour nous projeter dans le monde convulsif des trous noirs et des quasars, pour le comprendre et l'admirer, nous avons besoin des astronomes et des astrophysiciens.

Eh bien pour le sexe, c'est pareil. Que connaîtrions-nous de l'expérience multiorgasmique chez la femme si les Dr Darling, Davidson et Jennings, de la Florida State University, n'avaient pas interrogé 800 infirmières sur leur vie intime ? Ces professionnelles de santé ont confié suffisamment d'éléments aux chercheurs pour que ceux-ci en concluent que 42,7 % des femmes jouissent d'orgasmes multiples. Et cela sur notre planète Terre !

Que saurions-nous des fétichistes de la couche-culotte (autonépiophiles, pour les spécialistes) si deux psychiatres d'Istanbul, les Dr Nihan Oguz et Niyazi Uygur, n'avaient eu l'idée de noircir six pages de la revue *Türk Psikiyatri Dergisi* sur le cas d'un garçon de 22 ans accro aux Pampers depuis l'âge de 12 ans ? Aurions-nous imaginé que 40 % des femmes évaluent la durée de leur orgasme entre 30 à 60 secondes, voire plus, si les dénommés Raboch et Hubalek n'avaient entrepris leur « Étude de l'orgasme coïtal chez les femmes », publiée par la revue *Ceskoslovenska Gynekologie* ? Et saviez-vous qu'il n'y a aucune corrélation entre taille du pénis et pointure (du pied) de l'intéressé, en dépit de ce que prétend la rumeur ?

Le monde est parsemé de trésors cachés, que seule une lecture attentive, et parfois même obstinée, de la presse spécialisée parvient à extraire des entrailles de la recherche scientifique. Tout ce qui va suivre émane en effet de revues savantes tout à fait respectables et bien intentionnées, dotées de comités de lecture vigilants et centrées sur des domaines de spécialités honorables : biologie de l'évolution, sociologie, médecine d'urgence, anthropologie, chirurgie orthopédique, et l'on en passe.

La statue de la Liberté

Le sexe est une activité fascinante, à la fois parfaitement accessoire et absolument essentielle. Essentielle parce que, si les hommes et femmes perdaient subitement tout intérêt pour la chose, la reproduction de l'espèce ne serait plus assurée et l'humanité disparaîtrait au bout d'un siècle environ. Accessoire car on peut très bien se passer de toute activité sexuelle. « La dernière fois que j'ai pénétré une femme, c'était en visitant la statue de la Liberté », dit un personnage de Woody Allen dans on ne sait plus lequel de ses films. C'était une blague, mais tout le monde ne l'entend pas ainsi : l'abstinence est une mode qui s'est beaucoup répandue ces temps derniers. Le mouvement « No sex » a fait de nombreux adeptes, surtout chez les bobos blasés (il en fait aussi chez les septuagénaires mais pour d'autres raisons). Partant du principe que la pratique du badminton et la lecture des grands poètes kurdes suffisent à remplir une existence, les abstinents passent des nuits très calmes.

Pour la plupart des gens, toutefois, le sexe est une activité récréative dont il n'y a pas lieu de se priver, seul(e) ou avec un(e) partenaire. Ou plusieurs. Il existe quantité de moyens d'arriver à l'orgasme, et sur ce chemin-là rien ne presse, évidemment. Cet ouvrage va vous révéler des voies inédites, infiniment tortueuses parfois, mais tel n'est pas son objet prioritaire (pour cela, on trouve dans le commerce des manuels beaucoup mieux faits, avec des recettes moins périlleuses). Non, les pages qui vont suivre sont avant tout une nouvelle tentative d'exploration de la « science champagne ». Cette expression désigne des travaux de recherche qui semblent tellement déconnectés du sens commun qu'ils prêtent à sourire.

Nous ne nous lasserons jamais de rappeler que, voilà quelques années, un chercheur britannique a fait survoler une colonie de manchots par des hélicoptères pour voir (entre autres) si ces animaux tombaient sur le dos en regardant des aéronefs passer juste au-dessus de leur tête. Imaginez des centaines de manchots penchant la tête en arrière pour mieux voir, et finissant tragiquement par basculer sur la glace en agitant leurs moignons d'ailes, pauvres bêtes. Un tel phénomène était susceptible d'ajouter aux déboires du continent antarctique, déjà victime d'un trou intermittent de la couche d'ozone stratosphérique et d'une fréquentation touristique galopante. Finalement, aucun manchot n'est tombé sur le derrière en regardant voler les hélicos, même si certains, effrayés par le bruit, se sont mis à fuir aussi vite que leur ont permis leurs petites papattes. En vertu de quoi les compagnies aériennes patagones n'ont pas eu à modifier la trajectoire de leurs avions.

Dans un premier ouvrage, nous avons réalisé un inventaire de ces travaux de recherche à la fois fondamentaux et puissamment effervescents, en veillant à ne favoriser aucune discipline[1]. Ce souci d'équité a totale-

1. *Au fond du labo à gauche*, Éditions du Seuil, 2004.

ment disparu dès le deuxième livre, entièrement consacré à la « science champagne » produite par les disciplines médico-légales[1]. Tant il est vrai que les médecins légistes se penchent sur des questions formidables : est-il possible de se suicider de 120 coups de couteau ? Réponse : oui. De 14 coups de carabine ? Tout aussi bien. D'assassiner ses beaux-parents pendant une crise de somnambulisme ? Bien sûr. De s'enfoncer des clous dans la tête à coups de marteau et d'en réchapper sans trop de dommages ? Puisqu'on vous le dit. De s'autoasphyxier en s'enroulant du Scotch autour du visage ? Cela s'est vu. De se tirer successivement deux carreaux d'arbalète dans le crâne ? C'est original et absolument déconseillé, mais quelqu'un y est parvenu.

Évidemment c'était là un champagne scientifique un peu brut, certains diront même : amer. Afin de faire amende honorable, ce troisième ouvrage se propose d'opposer la vie à la mort, et la jouissance au chagrin. Mais on verra que, dans le fond, les choses ne sont pas si différentes. « La différence entre le sexe et la mort, c'est que mourir, vous pouvez le faire seul, et personne ne se moquera de vous », a déclaré un jour Woody Allen, décidément l'un des parrains de cet ouvrage, aux côtés de James Brown (*Like a Sex Machine*) et d'Emmanuel Kant (*Critique de la raison pure*).

1. *Viande froide cornichons*, Éditions du Seuil, 2006.

Efficacité du RigiScan Plus

Mais d'abord, pourquoi les scientifiques s'intéressent-ils tant au sexe ? Car c'est là un des champs les plus labourés par la recherche. Eh bien, il y a d'abord la fascination des origines : nous sommes tous issus d'un lit, ou pour certains d'un carrelage de cuisine. Ensuite, les pratiques sexuelles, dans leur diversité, forment un terrain d'études dont l'intérêt social est multiple : prévention des maladies sexuellement transmissibles, amélioration de la procréation médicalement assistée, étude et prévention des déviances, traitement de l'impuissance, meilleure connaissance de l'espèce. Sachez qu'un chercheur canadien est parvenu à expliquer, par le biais de la biologie de l'évolution, pourquoi on trouvait sur Internet tant de photos mettant en scène une femme forniquant avec plusieurs hommes (voir p. 29).

Beaucoup de recherches sur le sexe ont aussi pour objet de faciliter… d'autres recherches sur le sexe. Les bases de publications scientifiques contiennent par exemple des centaines d'articles sur les dispositifs d'analyse de l'excitation sexuelle. Pour mesurer les érections nocturnes, le RigiScan Plus est-il plus efficace que le Snap-Gauge ? La souris est-elle un modèle utilisable pour étudier la tumescence pénienne ? Il semble en tout cas qu'elle fasse l'affaire aussi bien que le rat, si l'on en croit une communication coréenne parue en février 2007 dans l'*International Journal of Andrology*.

Le scientifique porte sur le sexe un regard totalement froid et, dans le cadre de ses fonctions, désintéressé. Il enfourne des hommes et des femmes dans un scanner pour observer la physiologie de l'acte sexuel en direct et en trois dimensions (une étude néerlandaise). Il fourre des photopléthysmographes dans le vagin de cobayes afin de savoir si celles-ci ressentent le moindre début d'excitation à la vue de singes en train de copuler (la réponse est oui, mais pas pour les raisons que l'on croit, voir p. 161). Il fait des enquêtes pour mesurer à quel point les adolescents mentent lorsqu'ils sont soumis à des questionnaires sur la masturbation (ils mentent énormément). Il cherche à savoir si les femmes sont plus stimulées par des films érotiques réalisés par des hommes que par ceux réalisés par des femmes (non). Ne soyez pas surpris si un jour, au beau milieu de vos ébats conjugaux, vous voyez surgir un homme ou une femme en blouse blanche : c'est pour le progrès des connaissances, pas pour élargir l'éventail des possibles.

Manchots devant

Notre consœur Olivia Judson ayant déjà écrit avec humour et talent tout ce qu'il convient de savoir sur la sexualité animale[1], il ne sera ici question que de sexualité humaine. Deux exceptions toutefois : le manchot de

1. *Manuel universel d'éducation sexuelle à l'usage de toutes les espèces*, selon le Dr Tatiana, Éditions du Seuil, 2004.

Humboldt et l'araignée à dos rouge (*Latrodectus hasselti*). Le manchot parce que c'est l'ami de la « science champagne », et que, de toute manière, il s'invite chez nous dès qu'il voit de la lumière. L'araignée à dos rouge parce qu'elle fait partie de ces espèces où la femelle mange le mâle dès que celui-ci a rempli son office et son orifice, et que ses pratiques sexuelles recèlent plein d'autres détails charmants. Une troisième espèce animale fera une très brève apparition : le guppy, petit poisson très prisé des aquariophiles chez lequel le coït ne dure qu'un vingtième de seconde. Enfin, on verra passer deux ou trois singes bonobos dans des rôles vraiment secondaires.

Mais entrons dans le vif du sujet : voici tout ce que vous n'avez jamais songé à demander sur le sexe et que les chercheurs auraient préféré ne jamais vous raconter.

E. L.

Septième ciel en orbite

LA VIE SEXUELLE des astronautes a probablement fait couler plus d'encre que de sperme. Officiellement, aucun vaisseau soviétique, russe ou américain n'a été le théâtre d'une coucherie, ni pour les besoins de la recherche, ni pour le fun. D'ailleurs, on ne recense dans la littérature scientifique aucune communication sur l'éjaculation en microgravité, l'orgasme géostationnaire, ou autre sujet d'intérêt majeur pour la médecine spatiale. La rumeur, pourtant, assure que le sexe dans l'espace a déjà eu ses pionniers. On murmure le nom de Svetlana Savitskaïa, qui fut, en 1982, passagère de la station Saliout-7 en compagnie de quatre solides gaillards. On parle de l'Anglaise Helen Sharman, à l'époque une jolie célibataire de 28 ans, qui, en 1991, est revenue d'un séjour sur la station Mir en disant y avoir vécu de « fantastiques expériences » avec ses deux collègues russes. Une vidéo tournée à bord montre la jeune Britannique flottant en apesanteur vêtue d'une charmante nuisette rose. Enfin, rappelons qu'en septembre 1992, la Nasa expédiait sur orbite un premier couple marié, lequel a pu jouir du confort de la navette spatiale Endeavour. Et qui sait ce qui a pu se passer entre astronautes du même sexe.

À quoi ressemblerait un rapport sexuel dans l'espace ? À une partie de jambes en l'air. C'est dire si l'apesanteur complique l'accouplement. Un coup de reins trop vigoureux peut envoyer votre partenaire valdinguer à l'autre bout du laboratoire orbital. Ce genre de performance est susceptible de flatter quelques ego un peu frustes, mais, à force, cela deviendrait lassant car on ne pourrait jamais conclure : si quand j'avance tu recules, comment veux-tu, comment veux-tu... ? Des solutions auraient été trouvées. Un ancien technicien de la Nasa, Harry Stine, a affirmé dans son livre *Living in Space* que l'agence américaine avait testé, dans une piscine simulant les conditions de l'apesanteur, diverses techniques de coït afin de préparer le long voyage vers Mars. Eh bien, le plus efficace, c'est quand il y a une tierce personne pour maintenir en place l'une des deux autres. L'amour à trois dans l'espace ! Que de combinaisons possibles, que de fantasmes assouvis ! Et pourquoi pas à quatre ?

La Nasa serait allée plus loin, en prolongeant ces expériences à bord d'une navette spatiale en 1996, a affirmé naguère le journaliste français Pierre Kohler. Il citait un document « officiel », toujours disponible sur le Net, où sont décrits des dispositifs assez croquignolets (ceinture, tunnel gonflable, etc.) destinés à maintenir les partenaires serrés l'un contre l'autre. L'agence américaine a démenti. Pour l'heure, la dure réalité de l'espace, ce sont de longs séjours en solitaire à bord des stations orbitales. Alors pourquoi pas des poupées gonflables ? Interrogé par la revue en ligne *space.com*, le Dr Valery Polyakov, chercheur et ancien cosmonaute russe, le déconseille formellement : « À son retour, l'homme pourrait continuer à préférer sa poupée à sa femme. »

Simulatrices de haut vol

Deux êtres humains qui se livrent à ce que l'on appelle un coït émettent des sons plus ou moins articulés, d'une intensité variable selon le moment et les individus. Il s'agit le plus souvent d'une expression spontanée de satisfaction, sans verbalisation excessive. Ces sons ont également une fonction de médiation : ils renseignent le partenaire sur la proximité de l'orgasme, aboutissement habituel et généralement désiré du coït. Ce mode de communication, riche dans sa diversité, a été beaucoup moins étudié que le chant des baleines, auquel il s'apparente pourtant à bien des égards.

On sait qu'il est rare qu'un des partenaires se mette à déclamer la météo marine au moment crucial : ce serait une forme fascinante de perversion ! On sait aussi qu'il ne faut pas prendre au pied de la lettre les informations communiquées par le partenaire de sexe féminin : ce sont parfois des leurres. Nous parlons évidemment de la simulation de l'orgasme féminin.

Ce phénomène-ci commence à être bien compris des chercheurs, tout en restant largement ignoré des êtres humains de sexe masculin. Près des deux tiers des femmes ont un jour ou l'autre simulé un orgasme, rapporte une étude parue dans le *Journal of Sex & Marital Therapy* (vol. 12, n° 3, p. 182-196). L'interview de 805 infirmières sur leur vie intime a permis de mieux cerner le profil de la femme qui fait parfois semblant : elle est devenue sexuellement active plus jeune que celle qui ne simule jamais, et se montre « sexuellement plus explorative ». Bref, elle a plus d'expérience.

Ces observations ont été confirmées par une étude ultérieure, parue elle aussi dans le *Journal of Sex & Marital Therapy* (vol. 23, n° 2, p. 131-139). On y trouve ces éléments supplémentaires : la simulatrice a eu dans sa vie plus de partenaires pour des rapports sexuels, fellations ou cunnilingus que la non-simulatrice. Par ailleurs, elle se voit comme plus attractive (de visage).

« J'aimerais que ce grand con arrête de se trémousser sur mon joli corps en me malaxant les seins » est sans doute la motivation type de la simulatrice. Avoir le souci de ménager l'amour-propre du mâle peut aussi entrer en ligne de compte.

Il faut noter que l'orgasme n'a souvent qu'une importance relative pour la femme. L'article « La satisfaction sexuelle de la femme », publié dans la revue allemande *Psychotherapie, Psychosomatik, Medizinische Psychologie* (vol. 51, n° 2, p. 68-75), nous indique que « la moitié des femmes ne décrivent pas l'orgasme comme la sensation prioritaire dans un rapport sexuel ». Pour 37 % d'entre elles, c'est la proximité physique et émotionnelle qui prime.

La source la plus complète sur la simulation de l'orgasme reste l'excellent « Faking it : The Story of

"Ohh!" », paru dans le *Women's Studies International Forum* (vol. 18, n° 5/6, p. 523-532). Quatre chercheuses australiennes y donnent quelques verbatim intéressants (dont le célébrissime propos d'après-coït: « Tu as joui, chérie ? »). Et l'article rappelle cette évidence: il est plus facile de simuler un râle de jouissance qu'un spasme vaginal.

Le don des langues

Le mot cunnilingus a bien du mal à cacher ses origines latines. Dans la langue de César, *cunnus* signifie vulve et *lingere* lécher. Mon tout est une stimulation buccale de la région vulvo-clitoridienne. Il y a mille autres manières de décrire cette activité de loisir. Horticole : brouter le gazon. Encyclopédique : lécher le clitoris, la vulve ou l'entrée du vagin de sa partenaire avec la langue ou la bouche. Philatélique : coller des timbres à la cave.

Il y a aussi mille manières de la pratiquer. Totalement symétrique : les acteurs en présence sont deux femmes positionnées tête-bêche, dans une configuration communément appelée « 69 ». Semi-symétrique : l'homme et la femme s'échangent cunnilingus et fellation, toujours en position « 69 » (le « 96 » donne des résultats déplorables à moins d'être doté d'une langue de fourmilier). Solitaire : il faut avoir le dos souple, mesdames !

La pratique du cunnilingus est bien plus développée qu'on ne le croit généralement. Le fameux rapport Kinsey, fruit d'une enquête entreprise au cours des années 40, indiquait que 51 % des femmes avaient connu les joies d'au moins un cunnilingus. Cette proportion est passée à 87 % dans les années 80, selon une étude publiée dans les *Archives of Sexual Behavior* (vol. 17, n° 3, p. 201-239). Si cette enquête devait être refaite dans les années 2020, au train où vont les choses, il serait intéressant de se pencher sur la fréquence hebdomadaire de cette pratique.

Évidemment, à ce stade, une question brûle les lèvres : et côté fellation, quelle évolution ? Tout d'abord ce rappel. La fellation (du latin *fellatio*) est une pratique oro-génitale, déjà évoquée plus haut, qui consiste à sucer plutôt qu'à lécher. C'est cette fois le sexe masculin qui est au centre de toutes les attentions, notamment de celle ou de celui qui suce. Revenons aux chiffres : 48 % des femmes interrogées par Kinsey avaient pratiqué une fellation. Dans les années 80, la proportion a grimpé à 93 %, selon l'étude citée plus haut, réalisée à Los Angeles. Notons en passant que ce même article des *Archives of Sexual Behavior* révèle que la proportion de femmes ayant des amants – ou « fréquentations extra-conjugales » – est passée de 15 à 37 % en quarante ans.

Cet exposé ne serait pas complet s'il n'évoquait les dangers liés aux pratiques oro-génitales. Chacun est supposé connaître les risques infectieux auxquels elles exposent. On sait aussi qu'un homme doit avoir une totale confiance dans sa ou son partenaire, surtout si elle ou il a les dents acérées. Moins connus sont les cas de morsure pendant les cunnilingus, dont on trouvera un exemple dans le *Journal of Reproductive Medicine* (vol. 32, n° 8, p. 618-619). La victime, qui était en état d'ébriété, s'est retrouvée avec un très gros hématome à la vulve. « Incision, drainage, couverture antibiotique et consultation d'un psychiatre sont nécessaires pour un résultat optimal dans ce type de cas », indique à ses confrères le gynécologue signataire de l'article.

Au ras de la bourse

FIGUREZ-VOUS qu'une équipe de chercheurs japonais a passé de longues heures à se demander si les femmes devaient passer l'hiver en jupe ou en pantalon. Il ne s'agit pas ici de mode mais de résistance au froid. Ces scientifiques ont scientifiquement formé deux groupes de cobayes, les ont exposés à une température de 10 °C pendant de longues heures et, enfin, ont pu conclure que les femmes en jupe (descendant au genou) s'accommodaient mieux du froid que les autres. Comment l'ont-ils découvert ? Eh bien c'est simple. Vous prenez une cobaye frigorifiée, qu'elle soit en jupe ou en pantalon, et vous lui insérez un thermomètre dans l'anus. Vous surveillez la chute du mercure. Constat : les filles en pantalon (mais comment ont-ils fait pour installer l'appareil de mesure ?) voient leur température rectale chuter pendant quarante minutes avant de se stabiliser. Les filles en jupe arrivent à l'équilibre en seulement trente minutes. CQFD.

Il serait intéressant de répéter cette atroce expérience, détaillée dans l'*European Journal of Applied Physiology and Occupational Physiology* (vol. 69, n° 6, p. 498-501), en faisant varier cette fois la longueur des jupes. La minijupe n'est-elle pas idéale pour résister au climat polaire ? La robe longue convient-elle aux tropiques ? Et le short en région tempérée ? Pour l'instant, on sait seulement que, lorsque les jupes raccourcissent, les bourses ne tardent pas à remonter. Nous parlons cette fois d'économie. Depuis les années 20-30, les analystes américains s'amusent à croire que l'évolution de la longueur des jupes annonce une évolution parallèle des marchés. Dès que ça monte, on peut s'attendre au meilleur, et inversement hélas !

Ce délicat instrument de prospective, connu sous le nom de *hemline indicator* (littéralement : indicateur de la ligne d'ourlet), a été utilisé en 2004 par un groupe immobilier propriétaire d'une trentaine de centres commerciaux aux États-Unis, soucieux de mieux sentir le vent. Leurs clients furent sondés. Résultat : 63 % estimèrent que durant l'année les jupes allaient remonter au-dessus du genou. L'année précédente, ils n'étaient que 49 % à faire un tel pronostic. Tout cela semblait indiquer qu'il était opportun d'acheter des actions Eurotunnel.

Mais que vaut vraiment cet indicateur ? Dans les années 20, les jupes sont remontées très haut (par rapport à la décennie précédente) et les bourses ont effectivement grimpé. En 1929, les ourlets sont retombés quasiment sur les chevilles, et ce fut le krach. Durant les *sixties*, les minijupes ont provoqué des arrêts cardiaques et une création de valeur à l'avenant. En 1987, cette même minijupe (alors de retour depuis peu) fut décrétée ringarde, juste avant le re-krach. La théorie de l'ourlet a donc passé avec un réel succès le test du XXe siècle, au point que certains couturiers pourraient être tentés de manipuler les cours à coups de ciseaux. Peut-être le font-ils déjà.

Les analystes financiers guettent parfois d'autres signes idiots, comme les résultats du SuperBowl (finale du championnat de football américain) et l'épaisseur du porte-documents du patron de la FED, la banque centrale américaine. Mais ces indicateurs sont difficilement transposables dans les autres cultures. Mieux vaut s'en tenir aux jambes des femmes, valeur universelle s'il en est, pourvu qu'elles ne portent pas de pantalon.

Homo erectus

L'ANNÉE 2002 ne fut pas très rigolote : bruits de bottes de l'après-11 Septembre, effondrement du marché publicitaire, profondes divergences dans la pensée post-structuraliste. Pendant ce temps, un universitaire canadien se grattait la tête en se demandant (nous résumons brutalement) : mais pourquoi donc les hommes prennent-ils tant de plaisir à voir une femme se faire pénétrer par tous les trous ? Dans la foulée, il apportait cette réponse spectaculaire : c'est à cause de ce vieux cochon de Darwin.

Pour apprécier la richesse de cette fulgurance, détaillée dans la revue *Evolution and Human Behavior* (vol. 23, n° 6, p. 443-466), il faut se remettre en tête quelques éléments fondamentaux du comportement humain. En général, Monsieur n'aime guère que Madame aille batifoler avec un autre homme, encore moins avec plusieurs. L'être humain n'est pas partageux. Pourtant l'homme trouve stimulant de contempler des images dépeignant – pour parler comme les biologistes anglo-saxons – des scènes de « *sperm competition* ». Traduction : elle est seule, ils sont plusieurs, et ils lui font sa fête. N'y a-t-il pas là quelque chose de profondément paradoxal ?

Hypothèse du psychologue canadien : il fut un temps, plus proche des cavernes que de la télégraphie sans fil, où l'homme tirait sur tout ce qui bougeait. Les femmes avaient ainsi beaucoup de partenaires. Mais qui était le père ? Dans cette compétition, les hommes qui s'en sortaient le mieux, c'est-à-dire qui se reproduisaient le plus, étaient ceux que cette situation (plusieurs mâles s'activant autour de la même femelle) excitait le plus. Toujours prêts ! D'où sélection génétique de ce type de profil, nous suggère la théorie de l'évolution. Et voilà pourquoi nous aurions gardé ce goût un peu singulier.

Pour être tout à fait précis, soulignons que le Canadien a en fait réfléchi à l'envers de ce qui est exposé ci-dessus. Il est parti de l'hypothèse que la *sperm competition* avait dû favoriser un profil particulier, puis il est parti à la recherche de preuves d'une éventuelle appétence masculine pour les scènes à plusieurs (en doutait-il vraiment ?). Il a trouvé ces preuves sur les sites porno de l'Internet où, a-t-il froidement compté, le nombre d'images mettant en scène une femme avec plusieurs hommes est bien supérieur à celui des images réunissant un homme avec plusieurs femmes. Ce souci du quantitatif signe bien le caractère scientifique du travail.

Au printemps 2006, une confirmation spectaculaire a été apportée dans les *Biology Letters* de la Royal Society britannique (l'équivalent de l'Académie des sciences) par le biais d'une communication titrée : « Le contenu des images influe sur la qualité du sperme ». Un spécialiste australien de la biologie de l'évolution y constate que les hommes regardant des scènes où plusieurs mâles s'attachent à obtenir les faveurs d'une seule femelle ont dans leur éjaculat un taux plus élevé de spermatozoïdes mobiles. Comme s'ils se retroussaient déjà les manches, pour ainsi dire.

Les industriels de la pornographie auraient tout à gagner à se pencher sur les subtilités de l'évolution. Et à réfléchir à ces temps où l'homme n'avait pas encore la bombe atomique mais déjà le gourdin.

All blues

Les hommes aux yeux bleus préfèrent les femmes aux yeux bleus. Voilà une affirmation claire et précise, comme la recherche en produit trop peu souvent. C'est d'ailleurs une triple performance pour Bruno Laeng, de l'université de Tromsø en Norvège, que d'avoir formulé une telle hypothèse (qui ne saute pas aux yeux), puis de l'avoir vérifiée et enfin de lui avoir trouvé une explication.

Aucun accélérateur de particules n'a été maltraité durant cette expérience puisqu'il a suffi, pour la mener, de 88 étudiants norvégiens des deux sexes (les cobayes) et de 120 photos. Ces dernières étaient des portraits de garçons et de filles que les étudiants devaient noter sur une échelle de 1 à 5, en fonction de leur degré de séduction. Petite subtilité : pour découpler la couleur des yeux des autres facteurs de séduction, il y avait pour chaque modèle à évaluer une version yeux bleus et une version yeux bruns (grâce à un léger traficotage numérique des photos), chaque cobaye ne se voyant évidemment présenter qu'une version.

Ce concours de beauté a donné des résultats sans équivoque : les garçons aux yeux bleus ont marqué une nette préférence pour les filles aux yeux bleus, sans que ce choix soit conscient. L'inverse n'est pas vrai : les filles aux yeux bleus n'ont pas plus flashé sur les hommes aux yeux bleus que sur les autres. Idem pour les garçons et filles aux yeux bruns, dont les évaluations n'ont pas été affectées par la couleur des yeux. Voilà qui est singulier. Et comment expliquez-vous ça ? Des histoires d'infidélité.

Sortez vos cahiers de collégiens à la page des pois de l'abbé Mendel et tâchez d'écouter un peu. Le gène de la couleur des yeux a deux versions (ou allèles), bleu et brun, et chaque personne possède deux allèles, identiques ou pas. Comme la version brun est dominante sur la version bleu (c'est-à-dire que brun / bleu ou brun / brun donne brun), seule la paire bleu / bleu donne bleu. C'est ainsi que l'homme aux yeux bleus qui plante sa graine dans le chou d'une femme aux yeux bleus est sûr de donner naissance à un enfant aux yeux bleus, puisque les deux allèles hérités seront nécessairement bleus. Corollaire : si l'enfant a les yeux bruns, c'est que madame est volage.

Au temps des cavernes, où tout le monde copulait avec tout le monde, la paternité était chose compliquée. Pourquoi m'occuper de cet enfant si ce n'est pas le mien, se disait le père (les mères ne se posent pas ce genre de question) ? D'où préférence des hommes aux yeux bleus pour les femmes partageant ce trait, comme une sorte d'assurance. Avec le temps, l'évolution darwinienne aurait imprimé ce trait particulier – facteur d'avantage – chez les hommes aux yeux bleus, lesquels, encore aujourd'hui, garderaient cette préférence sans toutefois qu'elle soit consciente. C'est du moins la thèse de Bruno Laeng, qui l'étaye en long et en large dans les pages de la revue *Behavioral Ecology and Sociobiology* (vol. 61, p. 371-384).

Oui bien sûr, vous direz-vous, mais tout ça se passe chez les Vikings, qui ont tous les yeux bleus. Faux : en Norvège, 55 % des gens ont les yeux bleus, 22 % bruns et 23 % verts (certes, c'est plus qu'en France, où un tiers des gens environ ont les yeux bleus). Oui mais les enfants n'ont-ils pas tous les yeux bleus à la naissance ? Si, mais Bruno Laeng a réponse à tout, y compris à cela : allez donc lire *Behavioral Ecology and Sociobiology*, il y a même les photos !

Le club des explorateurs

APRÈS Jean-Jacques Rousseau et quelques autres pionniers d'envergure, Marcel Proust a donné une bonne description du processus et de son résultat : « Pendant qu'avec les hésitations héroïques du voyageur qui entreprend une exploration ou du désespéré qui se suicide, défaillant, je me frayais en moi-même une route inconnue et que je croyais mortelle, jusqu'au moment où une trace naturelle comme celle d'un colimaçon s'ajoutait aux feuilles du cassis sauvage qui se penchaient jusqu'à moi » (*Du côté de chez Swann*).

Pour un tableau plus clinique du sentiment de honte et d'anxiété que la masturbation induit chez l'adolescent, le lecteur pourra se tourner vers l'ouvrage *Sex and the American Teenager* (éd. Harper & Rowe, 1985) des excellents Coles et Stokes. Ainsi sera-t-il à même de mesurer toute l'ampleur du défi qui est jeté à la recherche : les informations dont nous disposons sur la sexualité des ados proviennent presque toutes de questionnaires, or il semble que les intéressés – surtout les garçons – racontent n'importe quoi dès que le sujet de la masturbation arrive sur le tapis, tant l'affaire les paralyse. Les données fiables font donc cruellement défaut. C'est rudement embêtant.

C'est embêtant car, comme le soulignent les Américains Davidson et Moore dans « Masturbation et rapports sexuels préconjugaux chez les lycéennes » (*Journal of Sex & Marital Therapy*, vol. 20, n° 3, p. 178-199), « vu la valeur potentielle de la masturbation en tant qu'alternative à des pratiques sexuelles à haut risque, il y a une réelle nécessité à enquêter sur les conditions dans lesquelles cette méthode de gratification sexuelle est pratiquée ». Façon emberlificotée de dire que la curiosité des scientifiques est vraiment sans bornes. Êtes-vous vraiment certain d'avoir éjaculé sur des feuilles de cassis sauvage ? La plante était-elle en fleur ? Et vous étiez combien, petits saligauds ?

Depuis qu'on a appris, au printemps 2005, que les teenagers américains ne considéraient pas le sexe oral ou anal comme du « vrai sexe », on se fait beaucoup de soucis. Peut-être les intéressés ont-ils aussi des pratiques très innovantes en matière de branlette ? Mais d'abord, il fallait mesurer à quel point les ados mentaient dans les enquêtes sur la masturbation. C'est Carolyn Halpern, de l'université de Caroline du Nord à Chapel Hill, qui s'est attelée à la tâche en retrouvant des jeunes qui avaient été sondés sur le sujet plusieurs années auparavant. Ceux-ci étaient désormais de jeunes adultes et avaient moins d'inhibitions. Un nouvel interrogatoire sur la même période de leur vie sexuelle donna effectivement des résultats très différents, sans doute plus francs, comme on pourra le constater dans le *Journal of Sex Research* (vol. 37, n° 4, p. 327-332). Des études antérieures (Gagnon, Simon et Berger, 1970) avaient d'ailleurs montré que certains ados avouaient plus facilement un viol qu'une pignolade !

Nous savions que les ados étaient des branleurs ; grâce à Carolyn Halpern, nous savons désormais que ce sont aussi de fieffés menteurs. Honte à eux !

Pénétrer dans Rome

« WHEN *in Rome, do as the Romans do* », aiment à dire nos amis anglophones. À Rome, fais comme les Romains. Mais justement, comment faisaient-ils, du temps des esclaves et des jeux du cirque ? La réponse est détaillée dans un ouvrage épais de 400 pages simplement titré : *La Vie sexuelle à Rome*[1]. Il ne s'agit pas d'une enfilade de récits cochons, loin de là, puisque le livre a été rédigé par une universitaire spécialisée dans la littérature latine. Géraldine Puccini-Delbey est allée puiser chez les grands auteurs – Cicéron, Ovide, Plaute, Sénèque, Tacite, etc. – tout ce qui a trait au sexe, afin de composer une image (un peu sépia) des mœurs de l'époque.

Avertissement de l'auteur à l'entrée du chapitre « Pratiques et positions sexuelles » : il est difficile de se faire une idée vraiment précise de ce qui se passait dans les chambres, « si ce n'est par le biais déformant de la littérature, qui nous entraîne plus vers l'imaginaire et le déploiement des fantasmes que vers une réalité tangible ». Au pied du lit, tout n'est donc pas à prendre au

1. Éditions Tallandier, 2007.

pied de la lettre. Toutefois, Géraldine Puccini-Delbey croit pouvoir énoncer cette loi générale : « Les citoyens mâles pénètrent et ne sont jamais pénétrés, tous les autres sont pénétrables, dans des conditions et des proportions variables selon qu'il s'agit de matrones respectables, de coquettes libérées, de prostitués et d'esclaves des deux sexes. » On peut imaginer que les « proportions variables » dont parle l'auteur vont croissant au fil de son énumération.

Plus précise est la liste d'ingrédients aphrodisiaques que nous a léguée Pline l'Ancien : fiel de sanglier, moelle de porc, suif d'âne mélangé à de la graisse de jars, humeur qui s'écoule d'une jument après la saillie, testicules de cheval desséchés et émiettés dans une boisson, testicule droit d'un âne pris dans du vin ou attaché à un bracelet. Plus compliqué : l'écume d'un âne recueillie après la saillie dans une étoffe rousse et enfermée dans un médaillon d'argent. Plus douloureux : se frictionner la verge avec de l'huile bouillante dans laquelle aura été plongée sept fois une verge d'âne.

Toutes les civilisations ont eu leurs recettes aphrodisiaques et, aujourd'hui encore, les potions de sorcières se portent bien. À telle enseigne qu'en 2006 un dénommé Supaporn Wacharapluesadee, ponte thaïlandais des maladies infectieuses, s'est senti obligé de livrer à la revue *Clinical Infectious Diseases* (vol. 43, n° 2, p. 269) une communication au titre alarmant : « Boire du sang de chauve-souris peut être dangereux pour la santé ». On ne sait si ça fait bander, mais il est désormais établi que le sang de ces pauvres bêtes peut transmettre le virus Nipah. D'où fièvre et encéphalite. On en meurt une fois sur deux. Le Viagra fait moins de dégâts.

On n'imagine pas le nombre de communications scientifiques qui, aujourd'hui encore, ont trait aux aphrodisiaques. Elles sont généralement de deux types : évaluation de leur efficacité sur l'animal (généralement le rat) ou bien étude de leurs éventuels effets secondaires. La palme revient au Tongkat Ali (*Eurycoma longifolia Jack*), qui squatte les colonnes de la presse scientifique depuis des années. Cette plante, dont la racine est utilisée dans le Sud-Est asiatique depuis des siècles (on l'appelle aussi ginseng malaisien), a été testée sur le rat jeune, le rat vieux et le rat d'âge moyen : tous y ont trouvé un supplément de vigueur. De surcroît, des études sur la souris ont démontré un effet anxiolytique. Si les Romains n'avaient pas fait une telle fixette sur le sperme d'âne, et s'ils avaient étendu leur Empire jusqu'en Malaisie, peut-être auraient-ils aussi croqué des racines.

Attention à l'effet de cerf

IL Y A DES JOURS où les chercheurs ont vraiment envie de sortir le champagne du frigo. Ils viennent de mettre la main sur quelque chose d'énorme, de jamais vu. Pour qualifier leur découverte, ils sont même obligés de concevoir une expression totalement nouvelle. Dans le cas qui va nous occuper, c'est : « autoérotisme xénolingual ». Ceux des lecteurs qui ont un peu pratiqué les langues mortes sont déjà sur la voie. Les autres devront patienter.

Car voyez-vous, expliquent les Dr Randall, Vance et McCalmont, de l'université de Wake Forest (Caroline du Nord), on trouve dans la littérature spécialisée plein d'articles sur les pratiques autoérotiques, mais la plupart décrivent des accidents, voire des décès (par asphyxie, électrocution, et l'on en passe). On déniche aussi pas mal de communications sur la zoophilie, mais ce sont toujours de bêtes histoires de rapports sexuels entre des humains et leurs compagnons à quatre pattes. Alors que nous, nous avons quelque chose qui tombe pile au milieu, sans morts ni actes de bestialité : c'est – attention, respirez à fond –, c'est une femme qui se masturbait avec une langue de cerf !

Sincères félicitations à cette équipe pionnière de la xénolinguité, du grec *xeno*, étranger, et du latin *lingua*, langue. Son article, paru en 1990 dans l'*American Journal of Forensic Medicine and Pathology* (vol. 11, n° 1, p. 89-92), indique que le cerf a une langue bien râpeuse et de dimensions raisonnables : 7 cm de long par 3 cm de large. La jeune femme, de 29 ans, avait fini par la laisser de manière permanente sur le terrain de jeu. Où la chose a fini par se décomposer. Mauvaises odeurs, consultation, publication scientifique, champagne.

Ce n'est certes pas la première fois que la médecine récupérait dans un vagin un corps étranger utilisé à des fins masturbatoires. Ce genre de découverte se fait en général chez la femme mariée (probablement délaissée) âgée de 17 à 30 ans, mais les objets sont plus fréquemment des bananes, des concombres et autres fruits ou légumes assez longs, rappellent les limiers américains. Les interventions chirurgicales ne sont qu'exceptionnellement nécessaires.

Quant aux pratiques zoophiles, les spécialistes estiment que la plupart relèvent plus de la diversion que de la perversion : ce serait seulement un substitut à une sexualité « normale ». Cela se voit beaucoup dans les fermes, paraît-il, où l'occasion fait le larron.

Pourtant, on tombe parfois sur un type qui ne s'intéresse ni aux femmes ni aux hommes, mais tombe amoureux d'une jument. Au point que, lorsque ladite jument a montré de l'intérêt pour un étalon qui passait par là, l'homme a fourré son bras dans l'animal jusqu'à lui perforer la paroi vaginale. La jument est morte et l'homme s'est retrouvé entouré de chercheurs aux yeux écarquillés. Ce patient de 54 ans est ensuite parti passer cinq ans en prison tandis que les scientifiques rédigeaient pour la revue *Sex Abuse* (vol. 14, n° 1, p. 83-88) un article plein de nuances.

Et les zèbres ? Et les langues de bœuf ?

Quand l'ovulation rend canon

DANS beaucoup d'espèces, la période d'ovulation de la femelle ne passe pas inaperçue. Cela se manifeste par un gonflement des organes sexuels de l'intéressée, ou encore par des postures sans équivoque. Le mâle sait alors que la saison de la copulation est ouverte. Rien de tel dans l'espèce humaine : aucun signal physique ne trahit chez la femme son entrée dans la phase fertile du cycle menstruel. Ce n'est d'ailleurs pas très embêtant de nos jours.

Or voilà que, dans les *Proceedings* de la Royal Society britannique (*Biology Letters*, vol. 271, p. 270-272), une équipe anglo-tchèque annonce avoir tout de même identifié une modification physiologique signalant la femme féconde : elle devient plus belle ! Les chercheurs l'ont découvert en prenant des photos du visage de 48 femmes – deux clichés chacune : l'un vers la fin de la phase folliculaire (assez propice à la reproduction), l'autre dans la phase lutéale (moins propice) – puis en les faisant évaluer par un groupe d'hommes et de femmes. Eh bien, la femme en période de fécondité a souvent été jugée plus jolie par les évaluateurs des deux sexes. Le lecteur pourra se faire sa propre opinion au vu de quelques clichés[1], sinon avec sa partenaire.

Cette capacité accrue de séduction aux alentours de l'ovulation a pu permettre à la femme, en des temps anciens, d'« élargir le lot des partenaires potentiels », estiment les auteurs. En d'autres termes (ceux de ces mêmes chercheurs qui décidément ne craignent pas les formulations radicales), « cela pourrait être un mécanisme adaptatif visant à accroître la valeur relative d'une femelle sur le marché de la reproduction ». L'homme et la femme n'ont pas toujours été d'une folle fidélité, surtout vers l'âge des cavernes : l'important pour l'espèce, au moment du coït, était de pouvoir puiser dans un pool génétique aussi large que possible.

Cependant, une thèse inverse peut être défendue : ce phénomène péri-ovulatoire, plutôt discret, serait un signal de fertilité uniquement perceptible par le partenaire de long terme. Chérie, vous êtes très belle ce soir, et les programmes télé sont d'une nullité alarmante ; gagnerons-nous notre chambre ? L'invitation peut être plus directe, tout dépend des habitudes qu'a contractées le couple, mais on voit bien qu'il s'agit cette fois d'une affaire privée.

Et les hommes ? Leur taux d'hormones se lit-il sur leurs visages, cela les rend-il parfois plus attractifs ? D'abord ce bref rappel pour les habitants de la planète Mars : l'homme n'a pas de cycle menstruel. Par contre, il présente selon l'âge et les individus un taux de testo-

1. http://www.journals.royalsoc.ac.uk/

stérone plus ou moins élevé, et ce taux a une influence sur la morphologie du visage lors du développement. On peut même simuler sur ordinateur les modifications d'un visage en fonction du taux d'hormone. C'est ainsi qu'une équipe américaine a produit des séries d'images plus ou moins « testostéronées » à partir du portrait d'une vingtaine d'hommes, puis les a fait évaluer par une trentaine de jeunes femmes. Résultat du concours de beauté, toujours dans les *Proceedings* de la Royal Society (*Biological Sciences*, vol. 269, p. 2285-2289) : les mâles les plus hormonés ont été jugés les plus « dominants » mais pas nécessairement les plus attractifs. Comme quoi les femmes n'ont pas nécessairement une préférence pour les brutes. Cela peut être vu comme une bonne nouvelle.

Anus horribilis

En 1992, un chercheur tombe de sa chaise. En débriefant 66 hommes et 85 femmes sur leur sexualité, il constate une « tendance étonnamment élevée à l'érotisation anale » et, plus spectaculaire, un « intérêt croissant des femmes pour l'anus de l'homme, 43 % d'entre elles allant jusqu'à pénétrer leur partenaire (avec ce qu'on imagine être un ou plusieurs doigts, NDLR) ». Ces observations, faites à la faculté de médecine de Marseille, seront consignées quelques mois plus tard dans la revue *Médecine et Hygiène* (vol. 52, n° 2019, p. 696) sous un titre qui aurait fait les délices d'un hebdomadaire féminin : « Intimité et érotisme anal ».

Alors comme ça, on s'encule beaucoup ? On ne trouve guère d'études confirmant ce printemps hétérosexuel de l'anus. Selon une enquête américaine de 1991 sur le comportement sexuel des hommes de 20 à 39 ans, « seulement » 20 % d'entre eux avaient déjà expérimenté un rapport anal, la moitié de ceux-là indiquant de surcroît que le dernier remontait à plus de dix-huit mois.

Le « sexe oral » semblait bien plus en vogue, 75 % des hommes l'ayant pratiqué en tant que « donneur » et 79 % en tant que « receveur » (ceci est une pipe). Précisons que 2 % des hommes sexuellement actifs de l'échantillon rapportaient au moins un rapport homosexuel durant les dix dernières années, la moitié n'ayant eu que des rapports homosexuels. Bien sûr ces chiffres, égrenés dans *Family Planning Perspectives* (vol. 25, n° 2, p. 52-60), sont à considérer avec circonspection : les murs des chambres à coucher restent épais, et la franchise des interviewés sujette à caution.

Plus intéressantes, car moins discutables, sont les données révélant une évolution des comportements. La question est ici : s'encule-t-on plus aujourd'hui qu'hier ? Une étude sur les adolescents américains hétérosexuels (15-19 ans) réalisée en 1988, puis répétée en 1995, semble indiquer que non : la proportion des aventuriers du sexe anal dans cette tranche d'âge reste relativement stable (à 11 %). L'évolution la plus significative durant ces sept ans, lit-on dans *Family Planning Perspectives* (vol. 32, n° 6, p. 295-297), est la proportion de garçons indiquant avoir été masturbés par leur partenaire : elle a grimpé de 40 à 53 %. Il s'agit d'une croissance comparable à celle des économies asiatiques, elle-même portée par une main-d'œuvre relativement bon marché, mais c'est là une tout autre histoire.

Quelle différence y a-t-il entre un rapport vaginal et un rapport anal ? D'un point de vue reproductif, le sexe anal est d'une inefficacité prouvée : on n'y est jamais arrivé de ce côté-là. Si bien que les ados américains considèrent que le sexe anal (et oral, d'ailleurs), ce n'est pas vraiment du sexe, juste un touche-pipi un peu élaboré. Les intéressés l'ont confié à deux équipes de chercheurs qui se sont empressés d'aller les cafter dans le *Journal of Pediatric and Adolescent Gynecology* (vol. 18, n° 1, p. 57-58) et la revue *Pediatrics* (vol. 115, n° 4, p. 845-851). Ce n'est pas joli-joli.

Pour clore cette tentative d'édification des plus jeunes lecteurs, laissons la parole à Woody Allen, docteur en sexualité qui a peu publié mais beaucoup trouvé : « Un petit mot sur la contraception orale. J'ai demandé à une fille de coucher avec moi et elle a dit : "Non." »

Il était plusieurs fois

Les infirmières, qui, dans de doux froufrous, s'affairent à notre chevet avec des gestes rapides et précis, sont des femmes admirables. Elles sont aussi de précieuses auxiliaires de la science. Sans leur concours, jamais les chercheurs américains Darling, Davidson et Jennings n'auraient pu réaliser leur étude « Comprendre l'expérience multiorgasmique chez la femme », qui illumine de sa page 527 à sa page 540 le numéro de la revue *Archives of Sexual Behavior* (vol. 20, n° 6) paru en décembre 1991.

Car jusqu'alors que savait-on de cette « expérience » ? Rien, ou si peu. Citons les auteurs eux-mêmes : « Bien qu'il se soit écoulé presque vingt ans depuis l'émergence des premiers éléments documentés sur les orgasmes multiples chez la femme, il y a eu très peu d'enquêtes sur ce phénomène. » Restait à analyser un tas de choses, à commencer par la relation entre l'expérience multiorgasmique et l'« activité stimulatoire » qui l'induit : masturbation, caresses du (de la) partenaire ou rapport sexuel classique. Il fallait aussi lancer une étude comparative entre les femmes multiorgasmiques et les autres, moins chanceuses sans doute. Enfin relier cela à des types de comportements donnés et faire tourner la moulinette statistique sans laisser traîner ses doigts.

C'est ici qu'entrent en scène les infirmières, anges blonds, bruns et roux. Un questionnaire anonyme fut distribué à 805 d'entre elles, professionnelles choisies pour leur capacité à mettre en mots simples et précis les informations « concernant les structures anatomiques et processus physiologiques associés à la responsivité sexuelle ». Donc ces infirmières décrivirent leurs expériences sexuelles de la manière la plus objective possible, entrant dans des détails qui nous obligent ici à sauter brutalement quinze pages, car la chair est faible mes frères, et seul compte le résultat final : il est que 42,7 % des sondées affirment connaître ou avoir connu des orgasmes multiples. C'est énorme !

Les auteurs sont en outre parvenus à identifier « plusieurs différences significatives » entre les femmes multiorgasmiques et les autres. Mais nous sortons ici du champ de la science pour entrer dans celui des arts et de la culture, nous renvoyons donc chacun à sa propre expérience. D'autres infirmières et des femmes médecins ont été mises à contribution pour la rédaction d'« Orgasmes multiples chez la femme » paru en 1993 dans la revue *Ceskoslovenska Psychiatrie* (vol. 89, n° 6, p. 349-354). On y apprend que 39 % de ces femmes ont des orgasmes multiples, contre 14 % des patientes suivies pour névroses diverses. Assurément, l'« expérience multiorgasmique » est plus fréquente qu'on ne le pensait. Les chercheurs tchèques exposent cette intéressante conjecture : « Il est possible que les professionnelles de la santé [interrogées pour l'étude, NDLR] usent de leur connaissance approfondie de la sexualité pour obtenir dans leur propre vie sexuelle une exploration plus complète de leurs capacités. » Les cordonnières ne seraient donc pas les plus mal chaussées, pour une fois.

Sans cul, sans culottes

PLUS MOYEN de fréquenter la moindre manifestation culturelle sans tomber sur des gens nus. Prenez l'année 2005. Au Festival d'Avignon, aucun acteur n'avait jugé utile d'emmener ne serait-ce qu'un cache-sexe. Certains urinaient carrément sur scène. Le mois d'avril précédent, à Berlin, la police avait dû intervenir à la Neue Nationalgalerie pour calmer une foule d'amateurs d'art : ils étaient venus pour un happening artistique (de Vanessa Beecroft) mettant en scène une centaine de femmes nues, vaguement enduites d'huile pour bébé, mais la performance tardait à commencer et le public impatient menaçait de tout casser. En juillet, dans les rues de Newcastle, le photographe américain Spencer Tunick avait réussi à faire se mettre à poil quelque 1 500 personnes, et l'individu récidivait deux mois plus tard à Lyon, et dans beaucoup d'autres villes depuis. Souvenons-nous enfin de la récente initiative d'un musée de Vienne (Autriche) qui a ouvert gratuitement ses portes à ceux des visiteurs débarquant dans le plus simple appareil : ainsi fut assurée la promotion d'une petite exposition d'œuvres érotiques de Klimt et de Schiele.

Les artistes, le public, les critiques, les ouvreuses, le ministre de la Culture : tous à poil ! Le tabou de la nudité serait-il en train de tomber ? Les chercheurs semblent dédaigner ce phénomène remarquable, tout occupés qu'ils sont à disserter sur les dessins de nus ornant les vases de la Grèce antique. Les climatologues pourraient y voir une retombée intéressante du réchauffement planétaire. Et les anthropologues seraient bien avisés de laisser tomber deux secondes les Papous et Dogons pour jeter un œil sur ces forêts de fesses surgies du bouillonnement créatif de l'*Homo sapiens sapiens*.

Au lieu de quoi, il n'y a que les psychiatres pour se sentir vraiment concernés. Deux d'entre eux ont réuni une quinzaine d'exhibitionnistes incurables pour une série d'expériences de la dernière chance. Ils les ont installés à tour de rôle devant un public mixte et leur ont demandé de se déshabiller tandis que tournait une caméra vidéo. Puis médecins et patients ont visionné ensemble les cassettes, les seconds devant commenter chaque scène et leur état d'esprit du moment, celui du public, etc. Auto-analyse extrêmement pénible, semble-t-il, qui a eu deux résultats : la guérison des patients et la publication de l'article « L'anxiété provoquée comme traitement de l'exhibitionnisme » dans le *British Journal of Psychiatry* (vol. 131, p. 295-300). C'était en 1977, mais déjà, à l'époque, on se dessapait pour un oui ou pour un non.

Il est à craindre que ce retour massif des sans-culottes ne se traduise par une chute brutale de la libido masculine. Des chercheurs canadiens ont interrogé une centaine d'hommes sur leurs fantasmes sexuels pour les besoins d'une enquête publiée dans les *Archives of Sexual Behavior* (vol. 9, n° 6, p. 565-581). Au milieu des réponses, ce constat : les hommes trouvent la semi-nudité bien plus excitante que la nudité totale. Remballez ces vulves fleuries et ces verges molles, nous voulons de la lingerie fine.

Carte du Tendre jouisseur

JUSQU'À LA FIN du XXe siècle, les scientifiques ne disposaient, pour évaluer la qualité des orgasmes, que d'outils d'une désolante pauvreté. On n'oserait pas demander à sa/son partenaire : alors chéri(e), c'était comment, sur une échelle de 1 à 10 ? Les chercheurs, eux, en étaient réduits à cela ou presque, et leurs cobayes se demandaient si ces gens-là étaient bien sérieux.

Tout le monde sait que l'extase ne se mesure pas sur une échelle unidimensionnelle et linéaire. Il y a des nuances, des complexités, des couleurs qui échappent aux graduations du thermomètre. Il semblerait plus légitime de demander : eh bien mon cœur, sur l'échelle des symphonies de Beethoven, c'était plutôt la combien ? Et votre morceau de sucre de répondre en connaisseuse : aujourd'hui, c'était absolument la *Sixième*, surtout le premier mouvement (« Éveil d'impressions joyeuses en arrivant à la campagne », *allegro ma non troppo*).

Puis, enfin, deux chercheurs canadiens déballent en 2002, dans les colonnes du *Journal of Sex Research* (vol. 39, n° 2, p. 104-113), un modèle d'évaluation du septième ciel totalement révolutionnaire. Kenneth Mah et Yitzchak Binik proposent que l'on mesure désormais les orgasmes dans un espace à deux dimensions, c'est-à-dire un plan. Une carte du Tendre jouisseur, pour faire court et joli.

Les cobayes commencent par décrire leur extase en fonction de soixante adjectifs (puissant, explosif, rayonnant, émouvant, etc.), tous notés de 0 à 5. Puis cet espace à soixante dimensions est contracté en un espace à deux dimensions au terme de traitements mathématiques d'une complexité redoutable (ici, nous sautons sept pages car tout le monde n'est pas familier avec les rotations varimax). Résultat : un simple plan où l'expérience sensorielle de l'orgasme est décrite en abscisses, et l'expérience cognitive/affective en ordonnées. Ou l'inverse. Peu importe : on voit bien que ce système permet de bien distinguer la pauvre jouissance d'une branlette (assez faible en contenu affectif/cognitif) du feu d'artifice d'une première nuit avec une fille/un garçon à tomber par terre (expérience pas forcément terrible côté sensoriel, mais pleine d'autres qualités).

Mah et Binik ont conçu leur modèle avec le concours de 888 étudiants, dont 523 filles, puis l'ont validé grâce à 798 autres étudiants, dont 502 filles, ce qui fait du monde. Il leur a fallu nager dans cet océan de volupté sans se noyer. Au passage, ils ont noté que les orgasmes féminins et masculins avaient plus de points communs qu'on ne le pensait. Leur modèle devrait permettre de mieux soigner les gens qui se plaignent de ne pas jouir, ou pas assez bien. Quant aux autres, cet outil bidimensionnel les aidera à situer leurs orgasmes sur une carte quasi routière. Moi, aujourd'hui, c'était quelque part entre Argenton-sur-Creuse et Gargilesse. Et toi ? Moi, dira l'autre les mauvais jours, c'était plutôt Dunkerque, assez loin du centre-ville.

On pourrait aussi s'en tenir à Beethoven.

Erreur d'aiguillage

Le sexe est un sport à risques, surtout si on le pratique à très haut niveau. La littérature médicale spécialisée a déjà détaillé près de 1 500 cas de fractures du pénis depuis 1937, et l'on semble avoir renoncé à inventorier tous les cas de déchirure de l'anus. Une pratique du sexe de bas niveau, c'est-à-dire brouillonne et désinvolte, expose à d'autres types de mésaventures. Ainsi le *Journal of Clinical Forensic Medicine* (vol. 12, n° 1, p. 1-4) a-t-il récemment accueilli une communication titrée : « Rapport anal accidentel : cela se produit-il vraiment ? » En d'autres termes, et veuillez nous excuser pour cette brève mais nécessaire excursion dans la trivialité, est-il possible de la mettre dans le trou de derrière alors qu'on pensait de bonne foi la mettre dans le trou de devant ?

Partout où il y a un point d'interrogation s'ouvre un champ pour la science. Par exemple : quelles sont les caractéristiques de la région de contrôle de l'ADN mitochondrial du tatou à neuf bandes (*Dasypus novemcinctus*) ? Le boson de Higgs est-il nécessaire au modèle standard de la physique ? Peut-on enculer sa partenaire par inadvertance ? À cette dernière question, au moins, la science propose une réponse : celle que développe le *Journal of Clinical Forensic Medicine*. Sur les 498 personnes interrogées par l'auteur de l'article, 26 hommes et 14 femmes ont rapporté avoir effectivement fait l'expérience, au moins une fois dans leur vie, d'un « rapport anal accidentel ». (Nous ne parlons ici que de rapports hétérosexuels bien sûr : un épisode anal n'est jamais accidentel dans un rapport homosexuel, à moins d'imaginer un stupéfiant concours de circonstances).

Ces 40 personnes avec antécédents de « rapport anal accidentel » ont été longuement débriefées car des choses comme ça n'arrivent pas tous les jours, sachez-le. Aviez-vous une réelle expérience en matière sexuelle ? La plupart (79 %) ont répondu oui : le coït était un exercice dont elles n'ignoraient rien pour l'avoir déjà abondamment pratiqué. Alors était-ce votre partenaire qui n'avait pas révisé ? Non plus : 83 % des personnes concernées ont affirmé que leur partenaire était tout à fait expérimenté(e). Alors quoi ? Eh bien, il faut noter que 43 % de ces personnes ne jouissaient pas de l'entièreté de leurs facultés, soit qu'elles fussent ivres au moment des faits, soit qu'elles aient pris d'autres drogues. Dans 41 % des cas, c'est le partenaire qui n'était pas clair. L'alcool a parfois bon dos.

Savoir si un rapport anal est accidentel ou pas peut sembler de peu d'importance. Ce fut, aux États-Unis, un détail non négligeable jusqu'en juin 2003. À cette date, la Cour suprême a annulé une loi texane prohibant la sodomie, au motif que la Constitution accorde aux adultes le droit au respect de leurs pratiques sexuelles privées. Cet arrêt a invalidé du même coup des lois en vigueur dans douze autres États, qui érigeaient en infraction pénale la sodomie entre partenaires du même sexe ou de sexes différents, selon les cas.

Trou est bien qui finit bien ?

Bandaison n'est pas raison

Soucieuse probablement que son pays s'intègre plus étroitement au grand concert des nations, la recherche médicale turque s'est mise à produire d'intéressantes études sur le fétichisme. C'est un vaste sujet que le fétichisme : il en existe, comme chacun sait, de multiples formes. Il suffit de faire une fixette sur tel type d'objet ou telle partie du corps pour que le plaisir sexuel prenne un tour inattendu. Récemment la revue *Turk Psikiyatri Dergisi* (vol. 16, n° 2, p. 133-138) a ouvert ses colonnes à deux psychiatres d'Istanbul qui venaient de tomber sur un fétichiste de la couche-culotte. Des gens comme ça, il y en a probablement des centaines de milliers sur la planète. Ils vivent cette paraphilie plutôt calmement, à en juger d'après les dizaines de sites et forums spécialisés actifs sur l'Internet, en particulier aux États-Unis. Ces « autonépiophiles », comme disent les spécialistes, ont la nostalgie d'un temps où de blanches mains leur pomponnaient le sexe sur la table à langer. Ils n'ont pas trouvé mieux depuis. Ils portent des modèles de très grande taille, roses pour les filles, bleus pour les garçons. Dans le lot, il y a aussi de vrais incontinents qui marient utile et agréable.

En Turquie, où les réunions couche-culotte entre adultes restent rares, les gens en sont encore à se documenter sur le phénomène. C'est ainsi que les lecteurs de la principale revue de psychiatrie du pays ont fait connaissance avec un garçon de 22 ans qui ne saurait trouver le chemin de l'extase sans un paquet de Pampers à portée de main. Sa mère était un peu distante, paraît-il. À 12 ans, il a choisi de retourner à la case couche. Il y est toujours.

Ne pas pouvoir bander sans couche-culotte n'a rien de grave tant que cela ne parasite pas la vie sociale du sujet et que celui-ci n'en conçoit pas une honte insurmontable. Et puis que les maniaques de la couche se disent que les flatulophiles (qui ne jouissent que quand leur partenaire leur pète au nez) mènent une vie bien plus compliquée que la leur.

L'hiver dernier, une autre équipe turque annonçait au monde stupéfait avoir mis au point un modèle animal du fétichisme. Elle a conditionné un oiseau – une caille du Japon de sexe mâle (*Coturnix japonica*) – de telle sorte qu'il ne fantasme qu'en présence d'un bout de tissu éponge. Les chercheurs assurent, dans *Behaviour Research and Therapy* (vol. 42, n° 12, p. 1421-1434), que cela facilitera l'étude expérimentale du fétichisme. Il est clair que cette caille du Japon va vivre des moments pénibles.

Ainsi la Turquie avance-t-elle à grands pas vers la lumière. Il lui reste cependant beaucoup de chemin à faire. La recherche américaine, elle, a pris une belle longueur d'avance lorsque voilà dix ans des sociologues de l'Indiana ont publié, dans les *Archives of Sexual Behavior* (vol. 23, n° 6, p. 611-626), une étude sur les homosexuels fétichistes du pied. 262 hommes branchés hommes, panards et godasses ont confié aux chercheurs leurs joies, leurs peines et leur pointure. Après ça, les Turcs peuvent toujours courir.

Supériorité du double mixte

Une des lois fondamentales de la sexualité peut s'énoncer ainsi : « Le sexe, c'est meilleur à deux. » Avec ce corollaire : « C'est meilleur que pas de sexe du tout. » Ces deux assertions, on le sent bien, reposent essentiellement sur l'intuition ; elles constituent en conséquence un défi pour la science. Prouvez-nous tout cela ! Eh bien, le défi a été brillamment relevé en 2006 par un chercheur écossais, Stuart Brody. Ce psychologue à l'université de Paisley (près de Glasgow) est même parvenu à mettre un chiffre sur le phénomène : le sexe avec un partenaire, c'est meilleur à 400 % qu'une masturbation.

Avant d'entrer dans les subtilités de la démonstration, reconnaissons qu'il s'agit d'une excellente nouvelle. Car si la masturbation était plus gratifiante qu'un rapport sexuel, nous ne serions pas là pour en parler : l'espèce humaine serait éteinte depuis bien longtemps. Stuart Brody s'est appuyé sur le fait que, pendant la période de récupération qui suit un orgasme, une hormone appelée prolactine était relâchée dans le sang du sujet (masculin ou féminin). Cette hormone vient contrer les effets de la dopamine, sécrétée, elle, lors de l'excitation sexuelle, c'est-à-dire que la prolactine a pour effet d'apaiser. On peut donc imaginer que l'évolution du taux de prolactine dans le sang après l'orgasme est un bon indicateur de la satisfaction sexuelle, pour faire court.

En vertu de quoi le chercheur a fait visionner des films érotiques à des volontaires hommes et femmes, avant de les envoyer au front : coït pour la moitié d'entre eux, masturbation pour les autres. Résultat : chez les bénéficiaires d'un rapport sexuel, hommes et femmes, le taux de prolactine était 400 % plus élevé que chez les masturbateurs. CQFD et preuves à l'appui dans la revue *Biological Psychology* (vol. 71, n° 3, p. 312-315).

Stuart Brody, qui souffre peut-être d'une tendinite du poignet, a également démontré qu'après un coït les gens réagissaient mieux au stress que ceux qui n'avaient rien fait du tout, ou qui s'étaient masturbés, ou qui avaient fait mumuse avec un(e) partenaire sans rapport vaginal. Pour ceux qui voudraient vérifier les chiffres, le dispositif expérimental est détaillé dans *Biological Psychology* (vol. 71, n° 2, p. 214-222). En fait il se pourrait que prouver la supériorité du coït soit, chez Stuart Brody, une sorte d'obsession. Dès 2000, il publiait dans la même revue (vol. 52, n° 3, p. 251-257) des travaux tendant à prouver que le coït était bon pour le cœur, en tout cas meilleur que la masturbation. Précision supplémentaire : l'effet positif serait plus net chez un couple qui cohabite que pour une aventure d'un soir. Le chercheur écossais pourrait passer pour un militant des rapports conjugaux. La droite religieuse américaine n'a d'ailleurs pas été longue à s'emparer de ses travaux pour prôner « le sexe comme Dieu l'a voulu ».

Dans une interview au *Sunday Times* en janvier 2007, Stuart Brody (qui est hétérosexuel) s'est défendu de tout biais idéologique, disant juste vouloir informer les gens sur les « bénéfices relatifs » de telle ou telle pratique, mais « après c'est à chacun de choisir ». Pour lui en tout cas, la sexualité est une composante importante de la santé, et il appelle à prendre exemple sur la France, pays « où le sexe est une part importante de la vie. Son absence y est vue [par les médecins, *NdA*] comme un signe de dépression ou le signe avant-coureur d'une maladie cardiaque ».

La France est décidément un beau pays.

Verge ascendant taureau

IL N'EST PAS RARE que tombent dans nos boîtes e-mail innocentes des invitations à découvrir des sites nouveaux et intéressants. « Viens voir les plus grosses bites du monde » fut naguère un de ces appels récurrents au dépaysement. Le tutoiement est un peu cavalier mais le superlatif est prometteur. Il fait penser à ces petites ménageries qui, l'été, trimballent de village en village « les plus grosses araignées de l'Amazonie ».

Magie de l'Internet, il suffit de cliquer dans le message pour être transporté instantanément au pays des « plus grosses bites ». Rien de tout cela n'existait il y a seulement quinze ans ! La mise en pages du site est soignée ; ainsi le message « 32 cm en rut dans sa rondelle serrée » s'enroule-t-il élégamment autour dudit orifice. On ne pourrait affirmer que les 32 cm sont bien là, mais les instances supérieures de la publicité veillent sans doute au grain. Et puis la page d'accueil du site est parcourue par un joli mètre-ruban jaune qui s'affiche comme un gage de sérieux.

Confronté à ces cimes, on s'alarme soudain : mais la mienne, n'est-elle pas pathologiquement riquiqui ? Sans rêver au triple décimètre, quel espoir puis-je caresser ?

À quelle altitude dois-je prétendre ? Dans son numéro de juin dernier (vol. 65, n° 6, p. 1183-1185), la revue *Urology* a apporté quelques éléments de réponse de nature à rassurer beaucoup de mâles. Un sexologue de l'hôpital universitaire du Caire (Égypte) y rapporte que, ces deux dernières années, 92 hommes sont venus dans son service se plaindre de la taille de leur membre : ils le trouvaient vraiment très, très court. Le Dr Shamloul, signataire de l'article, aurait pu répondre à ces patients qu'au moins ils ne risquaient pas de marcher dessus, mais l'homme à petite queue partage avec le colibri une absence totale de sens de l'humour. Le Dr Shamloul s'est donc contenté de la leur mesurer, au repos puis en extension. Eh bien, le résultat est qu'aucun de ces 92 hommes n'avait un sexe anormalement petit. Leurs inquiétudes étaient vaines !

Il faut dire que la norme est très tolérante : tant que l'engin ne mesure pas moins de 4 cm à l'état flasque et pas moins de 7 cm à l'état turgescent, la médecine vous considère bon pour le service. L'auteur en conclut que le meilleur traitement qui puisse être administré à un homme qui s'estime un peu étriqué est de lui faire suivre un cours d'éducation sexuelle. C'est nettement moins onéreux que la chirurgie.

Retour au site des verges kilométriques, où une typographie joyeuse promet des « chattes toutes fraîches explosées par des bites XXL », au-dessus de photos confirmant que nous sommes au rayon grandes tailles. On craint que l'emploi de l'adjectif qualificatif « fraîches » ne soit inopportun dans ce contexte. Plus loin, nous apprenons que « ces salopes se font démonter par des queues énormes », ce qui en théorie doit nous inciter à nous abonner immédiatement au site. Car il apparaît que cette exposition a, en sus de son objectif pédagogique, un but lucratif.

Une pipe très culottée

L'HISTOIRE se passe en Inde. Une institutrice de 27 ans se pointe à l'hôpital de Meerut, se plaignant d'une toux persistante et de fièvre. Voilà six mois que ça dure ! Tout a été tenté : cures antibiotiques, traitement contre la tuberculose. En vain. Les radios du poumon montrent une opacité au niveau du lobe supérieur droit, mais en dehors de cela, rien d'anormal. Après avoir consulté plusieurs médecins, la jeune femme décide de venir voir les grands spécialistes. Ceux-ci pratiquent immédiatement une bronchoscopie. Ils découvrent ainsi un corps étranger, qu'ils parviennent à récupérer fragment par fragment. C'est une capote.

Une capote ! Alors, patiemment, avec beaucoup de tact, les Dr Arya, Gupta et Arora entreprennent de débriefer la patiente. Nous sommes entre gens respectables et discrets, dans un pays où l'on ne sniffe pas les capotes et où les gens préfèrent s'enfoncer des clous sous les pieds que s'épancher sur leur sexualité. La faculté doit cependant expliquer la présence de latex dans les bronches de la patiente. C'est peut-être le début d'une épidémie, et puis cela pourrait donner lieu à une assez jolie publication scientifique.

Cette capote vous a-t-elle sauté à la figure ? Son comportement était-il menaçant ? Avez-vous porté plainte ? La jeune femme et son mari finissent par avouer : oui, voilà six mois, madame a fait une pipe à monsieur, du bout des lèvres. Pour l'occasion, monsieur était sorti couvert. Le préservatif était mal posé. Madame était sans doute inexpérimentée, ou alors elle a sucé avec l'énergie du désespoir, ou les deux. Peu de temps après, la jeune institutrice était terrassée par des quintes de toux : châtiment du ciel, sans doute !

Le compte rendu que les médecins indiens ont fait de cette affaire est un modèle de retenue, bien que l'on puisse discerner entre les lignes quelques accès de rire nerveux. Paru l'an dernier dans l'*Indian Journal of Chest Diseases & Allied Sciences* (vol. 46, n° 1, p. 55-58), sous le titre carré de « Accidental condom inhalation », l'article commence par la longue liste d'objets bizarres déjà récupérés en plongée bronchoscopique par les commandants Cousteau de la pneumologie : os de poulet, épingles à nourrice, vis et boulons. À l'époque, les auteurs ne savaient pas encore que dans la revue britannique *Thorax* (vol. 60, p. 262) serait aussi exhumé, en 2005, un scarabée de 4 cm. Ce dernier cas est d'ailleurs d'autant plus remarquable que l'insecte est entré tout bêtement par la canule qu'un homme de 74 ans avait dans sa gorge, suite à une trachéotomie. L'animal s'est accroché aux vêtements du patient, puis a profité de son sommeil pour aller se mettre au chaud. Pourquoi tu tousses ?

Les médecins indiens se félicitent en tout cas d'avoir

été les premiers à ramener un préservatif des abysses bronchiques. Profitant de leur position avancée sur le front des sciences, ils indiquent que l'inhalation de capote est susceptible de s'accompagner d'une inhalation de sperme. Ce qui n'arrangerait rien.

Violents coups de pompe

SONT PROPOSÉS dans les sex-shops quantité de dispositifs ingénieux, comme autant d'échantillons de ce que l'imagination humaine produit de plus surprenant. Ces appareils, pour les plus efficaces, arrachent à leurs utilisateurs de petits cris de surprise, parfois des jappements de plaisir. Ça vibre, ça pompe et d'autres choses encore : on se croirait à une expo de matériel pour l'industrie agroalimentaire.

S'il avait fréquenté les sex-shops d'Amiens (rares à l'époque, il est vrai), Jules Verne aurait pu trousser un roman où l'aventure serait venue embrasser les nouveaux horizons du machinisme et de la physiologie humaine. « Regardez, professeur Aronnax !, aurait lancé le capitaine Nemo à son passager du *Nautilus*. Ceci est une pompe à vide pour stimuler le pénis. Vous introduisez votre sexe dans ce tube. Et hop ! la pompe évacue l'air, créant un vide qui entraîne un afflux de sang dans les corps caverneux du sexe. Un usage répété permettra peut-être d'allonger le membre viril. En attendant, croyez-moi, professeur, ça fait des turlutes tout à fait correctes. »

Aujourd'hui, ce dispositif, à pompe manuelle ou

automatique, est couramment disponible. Deux précautions d'usage, toutefois. Un : ne pas se faire pomper plus de trente minutes d'affilée (risque vasculaire). Deux : ne jamais utiliser l'engin sur son lieu de travail. Le juge Donald Thompson, qui officiait dans le Creek County (Oklahoma) jusqu'à l'été 2004, n'a respecté ni l'une ni l'autre de ces consignes. Il glissait l'appareil sous sa robe de magistrat en début d'audience puis dirigeait les débats d'un air pénétré. Jurés et avocats étaient tout de même surpris d'entendre comme un entêtant bruit de pompe de bicyclette. Ce manège a duré des mois, y compris pendant des affaires de meurtre. On le sait, car le bruit est nettement audible sur les enregistrements des audiences.

Une journaliste avait repéré la chose dès 2000, puis au moins en dix occasions. Mais elle a préféré se taire : « Je ne voulais pas qu'on me retrouve morte dans un fossé quelque part », s'est-elle justifiée auprès d'une agence de presse. C'est dire si, aux États-Unis, les juges locaux sont des hommes redoutés. Un officier de police a fini par lâcher le morceau en 2003. Des enquêteurs ont retrouvé du sperme sous la chaise du juge. Au moins celui-là ne dormait-il pas pendant les audiences.

Une fois encore, la France est à la traîne. C'est tout bêtement à la main qu'un juge assesseur réchauffait son membre engourdi dans l'enceinte du palais de justice d'Angoulême, à l'automne 2003. La journaliste de *La Charente libre*, premier journal à rapporter l'affaire, affirme avoir assisté à la masturbation durant « un bon quart d'heure ». Le juge se serait « livré à des gestes sans équivoque, après avoir discrètement remonté sa robe de magistrat et défait la fermeture de son pantalon ».

Victor Hugo, qui s'y connaissait en toutes ces matières, a écrit : « La justice de l'homme n'est que crépusculaire, et le juge s'y meut à tâtons. » (*L'Homme qui rit*).

Les doigts dans le nez

PROFESSEURE émérite à la Rutgers University (New Jersey), l'Américaine Beverly Whipple est une des grandes exploratrices de la sexualité féminine. On lui doit quantité de découvertes sur l'orgasme, ainsi que huit articles sur l'éjaculation chez la femme (car oui, parfois). Elle est par ailleurs connue sous le nom de « reine du point G », île au trésor qu'elle a naguère contribué à situer sur la carte. En 1986, cette scientifique multimédaillée publiait le remarquable « Analgésie induite par la stimulation vaginale chez le rat et la femme » dans les *Annals of the New York Academy of Sciences* (vol. 467, p. 30-39). Ce qu'on pourrait traduire en termes vulgaires par : quand on se fait du bien (stimulation), on ne peut pas se faire de mal (analgésie), et cela vaut dans plusieurs espèces apparemment. Les spécialistes de l'évolution auraient probablement des choses à nous dire là-dessus.

Deux ans plus tard, Beverly Whipple établissait que cette opportune analgésie était, chez la femme, indépendante de l'accélération du rythme cardiaque (in *Physiology and Behavior*, vol. 43, n° 6, p. 849-850), tandis qu'elle abreuvait les magazines féminins en articles avisés sur la jouissance. Elle est d'ailleurs coauteure du DVD *Lover's Guide to Self Pleasure* (Sinclair Institute, 60 minutes, 22 dollars) qui passe en revue les techniques de masturbation les plus efficaces, c'est-à-dire les plus agréables. Rappelons en passant qu'en 1984 Bill Clinton a viré sa ministre de la Santé Jocelyn Elders parce que celle-ci avait publiquement affirmé que la masturbation était « une chose qui fait partie de la sexualité et qui devrait être enseignée ». Clinton, roi du cigare, est un faux cul, et Jocelyn Elders une femme courageuse.

Beverly Whipple est, elle, une chercheuse fort imaginative : son travail le plus spectaculaire a porté sur les femmes chanceuses qui parviennent à l'orgasme rien qu'en imaginant des choses, c'est-à-dire sans aucune stimulation manuelle. Détaillée en 1992 dans les *Archives of Sexual Behavior* (vol. 21, n° 2, p. 121-133), cette étude avait pour but de vérifier, dans les conditions rigoureuses du laboratoire, que les manifestations physiologiques de l'orgasme – augmentation du rythme cardiaque, de la tension artérielle, du diamètre de la pupille, etc. – étaient bien réunies chez la femme qui jouit spontanément en se faisant un film (« *self-induced imagery* »). Eh bien, aussi étonnant que cela puisse paraître, la réponse est oui. L'article est suffisamment détaillé pour que l'on apprenne que le capteur de saturation (dispositif photoélectrique qui mesure l'oxygénation du sang) était posé sur le gros orteil droit des cobayes, mais pas assez pour nous renseigner sur la nature des images utilisées. Une illumination de la tour Eiffel ?

On ne connaît pas d'étude équivalente sur l'homme. Sans doute parce que aucun d'entre eux, pauvres choses, n'est capable d'atteindre l'extase sans mettre la main à la pâte.

Fieffés greffés du cœur

QUEL EFFET une transplantation cardiaque a-t-elle sur la vie sexuelle de l'intéressé ? En plus trivial : avec un nouveau cœur, ça donne quoi côté cul ? La question n'est pas forcément idiote puisque, depuis quinze ans, une demi-douzaine d'équipes de chercheurs ont trouvé utile de se la poser. Mais d'abord, ce bref rappel.

Au début, c'est-à-dire à l'époque des toutes premières transplantations, la science se demandait surtout si les greffes allaient prendre, et si oui combien de temps. Aujourd'hui, elle cherche à mesurer la qualité des érections des transplantés. Cela pourrait constituer une définition du progrès. En 1990, une première étude, réalisée aux États-Unis sur 16 patients mâles, donnait des résultats alarmants : la plupart se plaignaient de chute de libido postopératoire, voire d'impuissance. Les transplantés craignaient que leur palpitant ne tombe en rideau au moment suprême. Le sexe est un sport individuel très exigeant. Ils s'inquiétaient aussi des effets secondaires des médicaments antirejet. D'où panne sèche. Cette Berezina est détaillée dans le *Journal of Heart Transplant* (vol. 9, n° 4, p. 397-403). Six mois plus tard, une autre équipe américaine rebelotait sur un échantillon plus large (71 greffés), avec cette fois des résultats un peu différents : toujours des érections moins rigides et des orgasmes incertains après l'opération, mais pas de chute de la libido.

L'embellie commençait vraiment en 1994, avec une troisième étude effectuée en Autriche : les transplantés témoignaient d'un accroissement significatif de leur libido, bien que, côté érection, on ne pût toujours pas parler de rigidité granitique. Seuls quatre patients indiquaient avoir renoncé à leur vie sexuelle de crainte d'y rester, lit-on dans la revue *Herz* (vol. 19, n° 5, p. 294-302). Fait singulier, un des greffés affirmait fantasmer sur les pratiques sexuelles de son donneur (inconnu). Personne n'avait anticipé ce type de phénomène, encore trop peu répandu pour qu'on y consacre une étude à part entière. Mais songez à ce que des greffes de pénis (quand elles seront possibles) pourront donner sur ce terrain !

En 2004, c'est le grand réveil. Une équipe chinoise affirme dans le *National Journal of Andrology* (vol. 10, n° 3, p. 196-201) que la « fonction sexuelle » de 11 hommes (de 32 à 54 ans) s'est « significativement améliorée » après transplantation. En quinze ans, c'est donc un complet renversement de situation qui s'est opéré. Est-ce parce que les traitements antirejet ont moins d'effets secondaires ? Est-ce parce que les transplantations cardiaques sont devenues des interventions (presque) de routine, donc moins anxiogènes ? La sauvegarde de la « fonction sexuelle » des patients est en tout cas devenue une préoccupation majeure de la chirurgie cardiaque. N'est pas mort le patient qui bande encore ! Le reste est son affaire : « Si mon sang allumé me demande des femmes, mon cœur ému me demande encore plus de l'amour », pourra dire, avec Rousseau, le greffé de la pompe.

Mécaniques des fluides

L'ARTICLE « L'asphyxiophilie sexuelle chez les femmes et la biologie de l'éjaculation féminine », paru en 1994 dans la revue *Medical Hypotheses* (vol. 42, n° 5, p. 318-322), est de ceux qui ne font rien pour passer inaperçus. Deux tabous pour le prix d'un ! L'asphyxiophilie d'abord. C'est une méthode à la fois efficace et risquée (plus de 1 000 décès par an aux États-Unis) pour augmenter le plaisir de l'orgasme. On s'étrangle un peu et on jouit beaucoup. Naguère un film de Larry Clark (*Ken Park*) a assez bien documenté le sujet, côté masculin. Cette pratique est assez rare chez le sujet féminin. Sur cinquante décès dus à une asphyxie sexuelle qui a mal tourné, on ne compte qu'une malheureuse femme. Détaillant le cas d'un sujet de 31 ans définitivement refroidi, la communication « Autoerotic asphyxiation in a female », publiée dans l'*American Journal of Forensic Medicine and Pathology* (vol. 21, n° 2, p. 114-118), montre à quel point il peut être difficile de déterminer après coup s'il s'agit d'un accident, d'un meurtre ou d'un suicide. La jouissance et la mort ont une frontière commune que l'on franchit sans montrer de passeport.

L'article de *Medical Hypotheses* mêle à cette pratique

spectaculaire un sujet qui ne l'est pas moins : l'éjaculation féminine, c'est-à-dire l'expulsion de fluides au moment de l'orgasme, phénomène peu fréquent chez la femme. L'auteur, un chercheur slovaque, avance cette délicate hypothèse : l'orgasme féminin avec éjaculation étant, d'une part, perçu comme plus jouissif et d'autre part, plus facile à atteindre via une asphyxie sexuelle, il est possible que la femme éjaculatrice soit plus encline à l'asphyxiophilie. La totale, en quelque sorte. Cette thèse a été peu débattue. Il est vrai que l'éjaculation féminine elle-même n'a guère fait couler d'encre au-delà de la fin du XXe siècle.

Jusque-là, on s'était longuement interrogé sur l'origine de ces fluides : urine, sécrétion des glandes de Skene ou mélange des deux ? Dans *Ceskoslovenska Psychiatrie* (vol. 90, n° 2, p. 71-77), Svobodan Kratochvil a en tout cas noté que les « expulsions orgasmiques » chez la femme étaient loin d'être un phénomène courant, puisque seules 6 % des femmes y étaient sujettes (13 % supplémentaires rapportant des expériences occasionnelles). Pour autant, concluait l'article, « l'éjaculation féminine ne doit pas causer un sentiment de honte, mais être acceptée comme une part normale de la réaction sexuelle ».

L'éjaculation féminine a été reliée par quelques auteurs à l'hypothétique point G, ou point de Grafenberg, concept apparu en 1982 pour expliquer certains types d'orgasmes « profonds ». Tout cela a généré une littérature à la fois exténuante et contestable, dont l'article « The Role of the Grafenberg Spot and female ejaculation in the female orgasmic response: an empirical analysis », paru dans le *Journal of Sex & Marital Therapy* (vol. 15, n° 2, p. 102-120), donne un assez bon exemple. Attention, ce type de lecture est susceptible de nuire gravement à la libido.

Pom-pom girl, fruit dangereux

PAR 65 VOIX contre 56, la Chambre des représentants du Texas a approuvé en mai 2005 un projet de loi interdisant aux pom-pom girls les poses et chorégraphies « ouvertement suggestives ». L'initiateur de ce texte, le démocrate Al Edwards, a plaidé que ce genre de spectacles pouvait avoir un effet dramatique chez les lycéens : grossesses, échec scolaire, sida, herpès. « Cela brise prématurément des jeunesses », a résumé l'élu. Rappelons que les pom-pom girls (*cheerleaders* en v.o.) sont des jeunes filles qui se trémoussent sur le bord des terrains les jours de match.

Qu'est-ce qu'une « chorégraphie ouvertement suggestive » chez la pom-pom girl ? Sans réponse claire à cette question, le louable effort législatif du Texas risque de rester vain. Les sciences sociales ont relativement peu étudié le *cheerleading*. Sa fonction première est évidemment de stimuler l'ardeur des supporters d'une équipe. Mais il apparaît, dans la culture américaine au moins, que ces jeunes filles court vêtues tiennent aussi lieu d'exutoire fantasmatique, donc acceptable, pour les vieux érotomanes. Enfin, pour les plus jeunes, la *cheerleader* aurait une fonction d'éveil et de préparation à la reproduction. Si ces filles aux longues jambes ne vous laissent pas totalement insensibles, c'est que vous n'êtes pas homosexuel, donc aptes à participer au peuplement des États-Unis. On voit par là que la pom-pom girl a une triple utilité sociale.

Oui mais tout de même, ces filles tout juste pubères ne dévoilent-elles pas leur culotte en coton de façon trop ostentatoire ? N'esquissent-elles pas avec leur bassin des mouvements qui n'ont que peu de rapport avec le sport qu'elles sont censées promouvoir (football américain, basket, hockey) ? Là est, pour une saine application de la loi, le fond du problème. L'American Civil Liberties Union, célèbre association de défense des libertés individuelles, a proposé que les pom-pom girls portent désormais la *burqa*.

Sans doute faut-il, pour analyser complètement la situation, la considérer aussi du point de vue de la *cheerleader*. Dans le Journal de l'Association des infirmières de salle d'opération (*AORN Journal*, vol. 48, n° 1, p. 96-101), une certaine Nancy Turner livre un vibrant plaidoyer sous le titre « Becoming a cheerleader for yourself, your profession ». Être pom-pom girl, ce serait être positive, tout simplement. « Quand une cheerleader se trouve face à un obstacle, elle essaie toujours de le gérer de manière constructive », affirme Nancy. Cette « pom-pom attitude » profite aux collègues de l'intéressée. « Ils l'admirent pour ses talents et sa force de conviction. La pom-pom girl parvient à libérer le potentiel de chacun. » Et cette conclusion : « La cheerleader semble permettre aux gens de grandir [*seems to enable people to grow*]. » On ne sait comment il faut interpréter cette dernière phrase de l'infirmière en chef, mais, vu la tournure que prennent les choses au Texas, on fréquenterait plus volontiers ses hôpitaux que ses stades.

L'amour sur une échelle

De tout temps, la passion amoureuse a été la source d'une littérature abondante, quoique parfois contestable : trop de cœurs se brisent « comme vases de cristal », trop d'êtres aimés surgissent attifés de la panoplie complète du prince ou de la princesse. Il était urgent de passer à quelque chose de plus rigoureux : la mise en équation du sentiment amoureux.

C'est à la toute fin du XXe siècle (1999) que Roy Baumeister, docteur en psychologie à la Case Western Reserve University (États-Unis), exposa sa théorie selon laquelle l'amour est la dérivée première de l'intimité mesurée dans le temps. En d'autres termes, explique le Dr Baumeister dans la *Personality and Social Psychology Review* (vol. 3, n° 1, p. 49-67), si le sentiment amoureux est peu intense lorsque l'intimité est stable (qu'elle soit forte ou faible), il va en se renforçant dès que l'intimité va croissant. Le problème, notera-t-on, est que l'intimité finit par rencontrer des limites spatio-temporelles.

« Cette théorie, poursuit un Roy Baumeister soudain plus énigmatique, est compatible avec les faits généralement observés, par exemple la fréquence des relations sexuelles dans les relations de long terme, la préférence humaine – atypique dans le règne animal – pour un coït face à face, et les schémas types de désespoir lors des ruptures amoureuses. » Le docteur en psychologie convient toutefois qu'il reste ici et là quelques trous dans sa construction théorique. Il brosse, en conclusion, quelques nouveaux horizons de recherche.

Quatre ans plus tard, en se plaçant dans le strict cadre méthodologique de la théorie fonctionnelle de la cognition, une équipe de l'université François-Rabelais de Tours (France) est parvenue à caractériser la « structure algébrique exacte » de l'amour tout au long d'une vie adulte. C'est une performance. L'idée était de trouver le bon facteur multiplicateur pour chacune des trois grandes composantes de l'amour : passion, intimité et engagement. De telle sorte que l'équation finale puisse décrire de façon plausible l'évolution temporelle du sentiment amoureux. Ou quelque chose d'approchant. Résultat : la passion est (évidemment) la composante la plus importante et doit se voir affecter un « poids » de 0,51. L'intimité (0,29) et l'engagement (0,20) n'arrivent qu'ensuite. Ne pas croire que l'on est ici devant une bête équation linéaire, car l'amour et ses composantes entretiennent des rapports du genre exponentiel, souligne l'équipe tourangelle dans l'*International Journal of Aging & Human Development* (vol. 57, n° 3, p. 275-290).

La science doit donc faire face à un double défi : définir la structure de l'amour et le mesurer avec précision. Hatfield et Sprecher ont défini dès 1986 une « *Pas-*

sionate Love Scale » – échelle de la passion amoureuse, ou plus simplement PLS – dont on trouvera toutes les graduations dans le *Journal of Adolescence* (vol. 9, n° 4, p. 383-410). Il en existe d'autres, plus empiriques mais non moins précises. Rien pour l'instant sur une thermodynamique quantique de l'amour.

Le bouton du septième

LONGTEMPS, la science a considéré qu'une durée de 3 à 15 secondes était la norme pour un orgasme féminin. C'était une fourchette que l'on considérait comme plausible et dont on se contentait bon gré mal gré : il n'y avait nulle urgence à partir machette en main explorer plus avant cette jungle mystérieuse et touffue. Pourtant, dans les années 80, il fallut bien l'admettre : des expériences en laboratoire menées avec des volontaires mirent en évidence des orgasmes qui parfois dépassaient 20 secondes, pour atteindre les deux minutes dans certains cas (rares) ! C'était comme si les astronomes découvraient soudain que notre galaxie, la Voie lactée, était de dimension largement supérieure à ce que l'on croyait jusqu'alors : notre perception de l'univers en serait profondément modifiée.

Dans leur « Étude de l'orgasme coïtal chez les femmes », parue en 1984 dans la revue *Ceskoslovenska Gynekologie* (vol. 49, n° 4, p. 257-261), Raboch et Hubalek affinèrent un peu ces données. 40 % d'un échantillon de 121 femmes évaluèrent la durée de leur orgasme à 30 à 60 secondes, voire plus, ce qui coïncidait en gros avec les estimations données par leur conjoint, observateur précieux quoique pas toujours objectif. L'année suivante, Levin et Wagner montraient, dans les *Archives of Sexual Behavior* (vol. 14, n° 5, p. 439-449) qu'il y avait souvent un large écart chez la femme entre durée perçue et durée effective de l'orgasme, la seconde étant généralement plus longue que la première. 28 cobayes avaient été invités à venir se masturber en laboratoire, signalant aux chercheurs par des « indications verbales » le début et la fin de leur orgasme. Cette difficulté d'évaluation objective montrait que la jungle était plus inextricable encore qu'on ne l'anticipait. En 1993, dans la revue *Ceskoslovenska Psychiatrie* (vol. 89, n° 5, p. 269-296), un article permit de faire le point sur l'état du chantier. L'interrogatoire d'une centaine de professionnelles de la santé donna les résultats suivants : 48 % témoignèrent d'orgasmes « longs », 44 % d'orgasmes « courts » et les autres 8 % ne répondirent pas, préférant peut-être aller porter plainte pour harcèlement sexuel. Les chercheurs conclurent : « Nos données confirment que l'orgasme "long" est relativement fréquent chez la femme. »

Des études plus précises ont été faites sur des femmes bardées de sondes anales et vaginales afin d'établir des corrélations entre contractions musculaires et orgasmes. Faire la synthèse de cette littérature extrêmement peu romantique serait profondément décourageant. Relevons seulement l'extrême dispersion des chiffres donnés par les différentes études quant au temps nécessaire pour atteindre l'orgasme. Le rapport du Dr Kinsey indiquait, voilà cinquante ans, une moyenne de quatre minutes pour une masturbation, et quelque part entre dix et vingt minutes pour un rapport sexuel. Des études plus récentes rapportent qu'un orgasme par masturbation en laboratoire serait atteint en vingt minutes en moyenne. Mais la littérature signale un cas en quinze secondes. Désolé !

Two times Mama

CHEZ LES ARAIGNÉES à dos rouge (*Latrodectus hasselti*), communes en Australie, les femelles sont d'authentiques sacs à foutre et les mâles, des crétins finis. Observons l'accouplement : Monsieur araignée, pauvre chose de 3 ou 4 mm de long, se met sur le dos et commence à se dandiner devant Madame, qui fait un bon centimètre. Il n'est pas rare que la femelle prenne l'avorton pour une proie et le mange illico. Dans le cas contraire commence un spectacle plus pathétique encore. Avec une sorte de tentacule, le mâle riquiqui essaie de déposer son sperme dans une poche *ad hoc* de la femelle maousse. Cette dernière en profite pour arroser l'abdomen de son compagnon de sucs digestifs car, quand cet imbécile aura fini d'éjaculer, elle en fera son quatre-heures.

Mais la nature est prodigieuse : le mâle possède un second tentacule pour déposer sa semence dans un second sac à sperme de la femelle. Tout est en double ! La plupart du temps, bizarrement, Monsieur araignée est bouffé avant d'avoir réussi à tirer son deuxième coup. Seuls les plus costauds réussissent l'enchaînement coup droit / revers. Avant d'être becquetés, de toute façon. Puis Madame s'en va repue en traînant ses deux sacs à foutre bien pleins, dans lesquels elle puisera quand le cœur lui en dira. Car l'araignée à dos rouge peut produire ses œufs avec cette semence jusqu'à deux ans après la récolte !

Ainsi va la vie conjugale dans la famille *Latrodectus hasselti*. N'y a-t-il pas là une certaine justice ? Durant sa courte vie (six à sept mois), Monsieur ne se donne pas la peine de tisser la moindre toile ; c'est Miss Dos Rouge (deux à trois ans d'espérance de vie) qui se tape tout le boulot. Mais les scientifiques restent imperméables à ce genre de considération. Pour eux, il y a nécessairement quelque explication darwinienne à ce manège. De multiples hypothèses ont ainsi été émises, les plus intéressantes étant exposées dans un récent numéro de *Behavioral Ecology* (vol. 15, n° 5, p. 785-792). Une équipe canadienne y avance que le cannibalisme sexuel serait un mécanisme adaptatif visant à favoriser la reproduction : pendant que Madame mange Monsieur, Monsieur peut faire les poches à Madame. Le sacrifice du mâle dans l'intérêt de l'espèce est toujours un moment admirable. Par ailleurs, il semblerait que pour la future maman ce petit complément alimentaire soit le bienvenu.

Bien. Mais pourquoi deux poches, alors qu'en général Monsieur n'a le temps que d'en remplir une ? Réponse de la science : parce que ainsi Big Mama Dos Rouge peut aller copuler avec un deuxième mâle, et voir ensuite lequel des deux spermes contenus dans ses deux sacs est le meilleur pour fabriquer des bébés araignées bien joufflus. D'accord, mais alors si un seul mâle parvient à remplir les deux sacs à foutre, c'est un peu la tuile, non ? Pas du tout : s'il est capable de cette performance, Monsieur doit avoir un patrimoine génétique de premier ordre, donc pour Madame pas besoin d'aller voir ailleurs. Sauf pour le fun, bien entendu.

Deux poids, mille mesures

UNE DES FAÇONS les plus simples de produire de la science est de prendre un gros paquet de données dans sa main gauche (par exemple les statistiques des accidents de vélo dans le Gers en 1978), un autre gros paquet dans sa main droite (le nombre d'amendements déposés à l'Assemblée nationale cette même année), et d'essayer de détecter une corrélation entre les deux. Il faut juste un peu de chance. C'est ainsi que, l'an dernier, un chercheur de l'université de Tübingen (Allemagne) a découvert que les gens qui avaient beaucoup de rapports sexuels étaient plutôt plus minces que les autres, tandis que ceux qui se masturbaient fréquemment étaient généralement plus gros (tour de taille et tour de hanches). Étude réalisée sur 120 adultes de 19 à 38 ans et publiée dans le *Journal of Sex and Marital Therapy* (vol. 30, n° 4, p. 251-261) sous le titre « Slimness is associated with greater intercourse and lesser masturbation frequency ». Y aurait-il une relation de cause à effet ? Faut-il plutôt chercher la réponse du côté de la théorie de l'évolution ? De la sociobiologie ? De la psychopharmacologie ? L'auteur explore toutes ces pistes sans aboutir à quoi que ce soit de concluant. Aucune raison, donc, de changer de main.

Plus sensationnelle encore cette étude parue le 31 mars 2001 dans le *British Medical Journal* : « Croissance prénatale et statut marital ultérieur : étude longitudinale ». Cette fois il a été constaté que les hommes qui sont nés avec un poids inférieur à la normale ont moins de chances de se marier que les autres. Les données étaient ici plus fournies : 3 600 hommes nés à l'hôpital universitaire d'Helsinki entre 1924 et 1933. Dans cet échantillon, les 259 individus qui ne se sont jamais mariés étaient – comparés aux autres à l'âge de 15 ans – plus petits de 2 centimètres, plus légers de 2,4 kilos et aussi plus minces (se masturbaient-ils moins ?).

L'équipe finlando-anglo-australienne qui a mouliné cette moisson de chiffres formule l'hypothèse suivante : « Bien que les facteurs qui amènent les hommes à se marier soient complexes, nos découvertes pourraient s'expliquer par le fait qu'une croissance limitée durant les premières phases de la vie influe sur les facteurs impliqués dans la sélection de partenaire. » Ce qui, traduit du jargon scientifico-scientifique, veut dire qu'il reste pas mal de boulot pour comprendre le pourquoi du comment.

En attendant, rien n'interdit à la science de continuer à décrypter le monde à coups de pèse-bébé. Elle ne s'en prive pas : après analyse du parcours de 309 000 enfants nés en Norvège entre 1967 et 1971, des chercheurs de Bergen ont pu affirmer l'an dernier que moins on pèse à la naissance, plus on a de risques de se retrouver au chômage trente ans plus tard ! Et cela est vrai pour les hommes comme pour les femmes. Voir l'*International Journal of Epidemiology* (vol. 33, n° 4, p. 849-856) pour plus de détails. Cette étude ouvre des perspectives fascinantes à ceux qui cherchent de nouveaux moyens de lutte contre le chômage.

Pédés comme des manchots

La dépêche datée du 17 février 2005 était titrée : « Les manchots mâles au zoo de Bremerhaven pas intéressés par les femelles ». C'était la grosse tuile. Parce que le zoo de Bremerhaven, dans le nord-ouest de l'Allemagne, s'était quand même fendu d'un billet d'avion pour quatre manchotes, amenées spécialement de Suède pour faire du gringue à six résidents mâles de l'établissement. Pour voir de quel bord ils étaient. Car on avait fini par se poser des questions : sur les dix manchots mâles du zoo, ces six-là formaient depuis longtemps ce qui ressemblait fort à trois couples homosexuels. La directrice s'est dit : ouh là ! mais ça ne va pas du tout. Flanquons-leur dans les pattes des jolies manchotes, histoire de rompre la glace. « Il y a deux ans, un couple de mâles s'était séparé lorsque nous avions introduit une femelle », a plaidé la dame. Mais ces six-là se sont révélés indécrottables.

La presse s'est repue de cette histoire. Le *Spiegel* a titré sur deux pages : « Ils portent un costume et sont de l'autre bord ». Ils « doivent faire des petits », a exigé le quotidien *Tagesspiegel*. Inversement, des associations gays et lesbiennes ont dénoncé la volonté du zoo de

« modifier l'orientation sexuelle » des animaux. La science s'en est mêlée, un spécialiste des manchots de Humboldt (l'espèce en question) qualifiant d'« absurde » l'initiative du zoo. Ce n'est pas parce que cette espèce est menacée que l'on doit à tout prix favoriser des naissances au zoo, a-t-il estimé. D'ailleurs, a poursuivi le chercheur, « dans les colonies de manchots au Chili et au Pérou, il y a peut-être des homosexuels. Sauf qu'on ne peut pas le savoir parce que rien ne distingue les mâles des femelles et que seul un examen très approfondi permet de déterminer le sexe ». Il faudrait aller y voir. Rien ne presse.

Le manchot homo, c'est un bon sujet, coco. En 2004, le *New York Times* a publié un quasi-roman sur Roy et Silo, deux pensionnaires mâles du zoo de Central Park qui filent le parfait amour depuis des années. L'homosexualité a déjà été mise en évidence dans au moins 450 espèces, rappelait l'article. Ça ne serait pas une perversion de quelques humains tordus. Des études ont montré que, dans certaines colonies de goélands, 10 à 15 % des femelles sont homosexuelles. Un éditorialiste de *Newsweek* écrivait peu après : « Les oiseaux. Les abeilles. Et maintenant les manchots du zoo de Central Park. Alors il est grand temps : laissons les gays s'engager publiquement dans des relations pour la vie. » Les manchots de Humboldt enrôlés dans le combat pour le mariage gay !

Ceux qui vivent sur la banquise sont aussi très sollicités. On a récemment bombardé des colonies de manchots royaux avec des enregistrements de leurs propres cris (amplifiés et démultipliés) en période de reproduction, pour voir quel effet cela aurait sur leur sexualité. Eh bien, sans qu'on puisse parler de grande partouze, ça ne leur a pas nui, apprend-on dans la revue *Animal Behavior* (vol. 60, n° 1, p. 77-84). Ils auraient dû essayer, à Bremerhaven.

Du X à tous les rayons

IL ÉTAIT INÉVITABLE et sans doute nécessaire, afin d'ouvrir de nouvelles perspectives à la science et aux générations futures, qu'un jour une équipe de chercheurs se demandât : les femmes sont-elles plus stimulées par les films érotiques réalisés par des hommes ou par ceux réalisés par des femmes ? C'est une question qu'on ne traite pas à la légère. D'abord on trouve 47 volontaires. On leur fourre dans le sexe un photopléthysmographe (appareil qui mesure la vasocongestion du vagin, caractéristique de la réponse sexuelle), on éteint la lumière – esquimaux, chocolats glacés ? – et on commence la projection. L'expérience a lieu en 1993 au département de psychologie de l'université d'Amsterdam (Pays-Bas).

Ouvrons une parenthèse pendant que défile le générique. Le cinéma érotique ou porno a ceci de particulier qu'il induit chez son spectateur une réponse physiologique mesurable, ce qui n'est pas systématiquement le cas d'un film de Tarkovsky ou de Bresson. L'intermédiation de la critique cinématographique n'est donc pas nécessaire, ou disons qu'elle est moins urgente. Pour autant, il ne faut pas imaginer que s'établit une liaison directe entre le nerf optique et le sexe, genre je t'en mets tant d'un côté et je t'en ressors tant de l'autre. C'est plus compliqué : entre les images et la région urogénitale se trouve un filtre culturel, qui fait que chacun trouvera telle situation plus bandante que telle autre, pour parler crûment.

Donc la projection a commencé, et sur l'écran les acteurs font plutôt l'amour que la guerre. On trouvera le programme de la séance dans les *Archives of Sexual Behavior* (vol. 23, n° 2, p. 153-169). Après chaque extrait, les chercheurs relèvent les compteurs : lecture des photopléthysmographes et recueil d'appréciations plus subjectives des spectatrices. Eh bien, contrairement à ce que l'on avait anticipé, les films des filles et les films des mecs produisent sur les femmes à peu près le même effet, du moins d'un point de vue physiologique. Il n'y a que sur le plan de l'expérience subjective que le cinéma féminin marque plus de points. Les films tournés par les hommes induisent souvent des sentiments de honte, de culpabilité ou d'aversion. Les porcs !

L'étape suivante, bien entendu, était d'observer au scanner les cerveaux d'hommes et de femmes soumis à d'intenses projections de films cochons. Ce fut fait en 2001 au Centre de recherche en sciences neurologiques de l'université de Montréal, vingt représentants de chaque sexe participant à l'expérience. Ainsi que le rapporte la revue *Human Brain Mapping* (vol. 16, n° 1, p. 1-13), sur les écrans des machines d'imagerie fonctionnelle par résonance magnétique fut constatée la chose suivante : le cerveau des garçons est bien plus stimulé par les films pornographiques que celui des filles, tout particulièrement au niveau de l'hypothalamus. Il y aurait quelque chose à creuser par là.

Comme il reste plein d'expériences à tenter, n'oubliez pas de rendre les photopléthysmographes en sortant, merci.

Les « cracs » du pénis

ACCIDENT spectaculaire autant que douloureux, la fracture du pénis est qualifiée de « blessure rare » dans la littérature médicale, comme chacun des 352 articles déjà consacrés au sujet ne manque de le rappeler en préambule. Or voilà que les auteurs du 353e article, tout juste paru dans le *Journal of the National Medical Association* (vol. 96, n° 2, p. 229-233), notent une augmentation sensible du nombre de cas, et soulignent que les trois quarts ont une « cause non coïtale ». Comprendre : les intéressés se sont fait ça en se tripotant rudement la zigounette.

Soudaine épidémie de branlettes violentes ? Non, facteur culturel. Les auteurs de cet article sont des urologues saoudiens, or il est établi qu'au Moyen-Orient, la masturbation est la première cause de rupture de la verge, alors que dans le monde occidental c'est le coït : nous trouvons cette intéressante précision sous la plume de chercheurs chinois dans le *Hong Kong Medical Journal* (vol. 12, n° 3, p. 197-200).

Dans un cas comme dans l'autre, il n'est sans doute pas inopportun de lancer ici un appel à la prudence. Avec d'abord ce rappel : si le pénis n'est pas un os, il en a presque tous les attributs lorsque son propriétaire est « en de bonnes dispositions », comme disait Pierre Dac. Le corps caverneux qui rigidifie l'engin peut casser, produisant alors un « crac » dénué d'ambiguïté.

La presse scientifique ne signale aucune fracture du pénis durant un rapport anal ou une fellation. Il faut toutefois se méfier : beaucoup d'hommes accidentés hésitent à aller exhiber aux urgences leur membre endolori, la recherche médicale n'a donc connaissance que d'une fraction des cas. En général, on ne se fracture pas le pénis en lisant *Le Monde diplomatique*. Ni même pendant un simple rapport conjugal du samedi soir. Il faut y mettre le paquet. Aux médecins qui les accueillent, quand ils se résignent à aller à l'hôpital, les patients servent diverses salades : je me suis retourné brutalement dans mon lit alors que j'étais en érection. Ou encore : je prenais le thé avec des amies lorsque l'une d'elles s'est assise par mégarde sur mes genoux.

Un hôpital du Kurdistan iranien a vu défiler 172 cas en dix ans, ce qui est nettement supérieur à la moyenne. La raison : une pratique locale, dite *taghaandan*, qui consiste à appuyer dessus comme un sourd pour accélérer la détumescence (pour débander, en langage de tous les jours). Eh bien, ça ne marche pas comme ça. L'eau froide donne de bien meilleurs résultats et ne crée aucun traumatisme, à moins de procéder au Kärcher.

S'il vous arrivait, malgré ces conseils de prudence, de vous la briser en jouant avec des camarades ou en la coinçant dans un radiateur, pas de panique. Ça se répare, plutôt bien en général, si l'urètre n'est pas abîmé. On peut rebander au bout de deux jours dans le meilleur des cas, mais il ne faut pas compter reprendre une activité (raisonnable) avec sa/son/ses partenaires avant deux semaines.

Fidèles infidèles

Si les tours de pédalo et les parties de mini-golf n'ont pas absorbé toutes vos économies pendant les vacances, payez-vous dès que possible un abonnement à la revue *Pastoral Psychology*. C'est ce qui se fait de plus drôle au rayon foi protestante et psychanalyse, à raison de six numéros par an.

Le contributeur le plus régulier à cette publication internationale de haut vol est le formidable Donald Capps, théologien qui officie au séminaire de Princeton, New Jersey. En mars 2003, au long de 24 interminables pages (vol. 51, n° 4, p. 249-272), cet homme entreprenait de démontrer que – respirez à fond – « le déclin durant ces cinquante dernières années de la réprobation morale de la masturbation dans la culture religieuse américaine est directement responsable d'une montée de la réprobation morale de l'homosexualité ».

Il y aurait en quelque sorte un transfert. Ah oui, et pourquoi donc ? Eh bien, argumente Capps, parce qu'une vaste majorité des gens ayant une culture religieuse se livrent, comme les autres, à la masturbation. Alors que ceux qui ont des pratiques homosexuelles sont bien moins nombreux. Et, fatalement, la chape de plomb qu'on a soulevée d'un côté, il fallait bien qu'elle retombe d'un autre. Cette théorie excellente pourrait faire de l'usage dans beaucoup d'autres domaines.

Un an plus tard (vol. 53, n° 2, p. 107-137), Donald Capps revenait avec une nouvelle théorie tout aussi spectaculaire : « Dans le présent essai, écrit-il, je prétends démontrer que la Mona Lisa de Léonard de Vinci est le centre iconique de la religion de la mélancolie masculine et qu'en tant que telle elle remplace l'image de la Vierge Marie dans la chrétienté traditionnelle. » L'opacité de cette phrase résiste à de multiples relectures, ainsi d'ailleurs que celle des trente pages qui suivent. Cette fois, Capps est allé puiser ses arguments du côté de Marcel Duchamp, qui fit subir à Mona les derniers outrages, et de Walter Pater, auteur d'un essai célèbre sur Leonardo. Naguère, Capps argumenta en faveur de l'application de la théorie de l'art à la psychologie pastorale (vol. 47, n° 5, p. 321-346).

Mais revenons au sexe avec la belle étude que *Pastoral Psychology* a accueilli en 1998 sous le titre : « Données démographiques sur le comportement sexuel hors mariage du clergé protestant » (vol. 46, n° 6, p. 447-457). 186 pasteurs mâles ont bien voulu répondre aux enquêteurs en jurant devant Dieu de dire toute la vérité. On découvre ainsi que 15 % des pasteurs ont déjà eu une liaison extra-conjugale, le plus souvent avec une de leurs ouailles. Oui, c'est avec les fidèles que le clergé découvre l'infidélité ! Il lui sera beaucoup pardonné : « Certains pasteurs, dans leur besoin d'être utiles, sexualisent leur intimité avec les fidèles, donnant ainsi une composante physique à cette relation, en sus de la composante émotionnelle », observent les auteurs.

Pour se rattraper, la revue a consacré par la suite une bonne vingtaine de pages aux joies de la vie conjugale, si importantes pour le bon exercice de son ministère.

Reproduction au scanner

IL N'EST PAS FACILE de bander lorsqu'on est allongé dans un scanner. Les raisons pour lesquelles on est amené à fréquenter ce genre d'appareil n'est généralement pas de nature à provoquer des érections. Et, quand bien même il s'agit d'aller rejoindre dans la machine une partenaire consentante pour copuler en direct sous l'œil de l'imagerie par résonance magnétique (IRM) – car c'est le cas dans l'expérience que l'on va décrire ici –, la turgescence reste un objectif ambitieux. Trop de bruit, pas assez de hauteur sous plafond et surtout une ambiance déplorable.

C'est pourquoi les chercheurs néerlandais responsables de cette étude inédite ont dû administrer du Viagra à 7 des 8 hommes qui y ont participé. Les femmes, elles, n'ont eu besoin d'aucune aide chimique pour parvenir à l'orgasme, décrit toutefois par l'ensemble des participantes comme étant de faible intensité. Mais il faut savoir prendre un peu sur soi lorsque l'on participe à une étude scientifique. Laquelle a livré ses résultats en 1999 dans le *British Medical Journal* (vol. 319, p. 1596-1600) sous le titre « Imagerie par résonance magnétique des parties génitales masculines et féminines durant le coït ».

Le premier objectif était de vérifier que l'on pouvait réaliser de bons clichés des organes génitaux de deux personnes en pleine action. La réponse est oui, même si les images obtenues auraient du mal à nourrir une revue cochonne. Il s'agissait aussi d'approfondir nos connaissances en anatomie. Si les outils de reproduction de l'un et l'autre sexe ne sont plus exactement une *terra incognita*, nous ne disposions jusqu'alors d'aucune donnée précise sur leurs affaires internes.

L'article du *British Medical Journal* est un modèle de littérature scientifique. Il s'ouvre par le fameux dessin de Léonard de Vinci *La Copulation* (qui, bien avant l'imagerie par résonance magnétique, entreprenait de montrer en coupe la réunion du convexe et du concave) accompagné de ce commentaire du Maître : « Je montre aux hommes l'origine de leur première, et peut-être seconde, raison d'exister. » Depuis lors (1493), rien de bien neuf, si ce n'est le chapitre « An ultrasound study of human coitus » paru en 1992 dans l'ouvrage *Sex Matters* (p. 29-36), avec des images de piètre qualité recueillies à l'aide de sondes à ultrasons par les participants eux-mêmes.

Réalisée au centre hospitalo-universitaire d'Utrecht, l'expérience néerlandaise a fait faire un bond de géant à la science, sans qu'aucune règle éthique ne soit violée. La vitre séparant la salle du scanner du poste de contrôle (où s'étaient repliés les chercheurs) était obturée par un rideau. Les cobayes et les scientifiques communiquaient par interphone. Le champ magnétique était de 1,5 tesla.

Les résultats de l'étude eux-mêmes ne semblent pas essentiels, dans la mesure où ils ne nous aident en rien à tirer une plus grande satisfaction de l'acte sexuel. Certains peuvent toutefois, à la vision de ces scanners, éprouver un certain plaisir intellectuel.

In bed with Doctor Chien

Les galipettes de papa/maman, qui n'ont plus vingt ans les pauvres, ne passionnent pas grand monde en dehors des intéressés, et encore... Il faut donc remercier le Dr Chien Liu, du département de sociologie et d'anthropologie du Wagner College (Staten Island, New York), de s'être donné la peine d'élaborer une « Théorie de la vie sexuelle conjugale ». Il en a confié la primeur, en mai 2000, au *Journal of Marriage and Family* (vol. 62, n° 2, p. 363-374). Pour ceux qui ne sont pas abonnés à cette publication remarquable (cinq numéros par an), voici l'essentiel de son argumentation.

Pourquoi la fréquence des rapports conjugaux diminue-t-elle avec le temps, et de quelle manière ? La probabilité d'une aventure extra-conjugale augmente-t-elle avec le temps, et si oui pourquoi ? La théorie du Dr Liu répond à toutes ces questions d'une manière parfaitement raisonnée. Car il ne serait pas très scientifique de se contenter de dire que c'est parce qu'ils se lassent que mari et femme font moins crac-crac en vieillissant.

Chien Liu s'appuie sur la théorie du choix rationnel et d'autres beaux outils de l'économie néoclassique. Exemple : on achète une petite barquette de fraises, on trouve ça vachement bon, alors on en rachète une autre. Et puis une autre. Mais au bout d'un moment ça ne vaut plus le coup de dépenser tant de sous pour un plaisir qui va en diminuant. Alors on freine sa consommation de fraises. Les économistes, qui appellent cela le principe de la décroissance de l'utilité marginale (DUM), arrivent à modéliser le phénomène avec de complexes équations. Peut-on appliquer le modèle au sexe ? Oui, répond le Dr Liu, bien qu'au lit ça soit tout de même un peu plus compliqué. Le chercheur note en effet que la DUM prévoit une décroissance linéaire des rapports conjugaux alors qu'en réalité, on constate que la fréquence diminue rapidement au début, puis de plus en plus lentement. Que se passe-t-il ? Il se passe, répond Liu, que joue aussi l'« effet capital humain ».

En clair : la relation conjugale est un investissement qui apporte des gains à terme. Plus clairement encore : Monsieur sait de mieux en mieux comment Madame fonctionne (et inversement), et peut donc optimiser le plaisir de la coucherie. Effet capital humain et DUM ont ainsi des effets antagonistes. Avec le temps, on baise moins mais la qualité est de plus en plus garantie (sauf grave dysfonctionnement érectile). CQFD.

De la même manière, le chercheur analyse la tentation que l'on peut avoir d'aller tremper son biscuit ailleurs. Si vous avez bien suivi, vous comprendrez aisément que l'effet capital humain joue en faveur du conjoint (pourquoi aller coucher avec une fille ou un garçon dont on ne sait pas comment elle/il se comporte au lit ?) mais que la décroissance de l'utilité marginale de sa femme (de son mari) incite aussi à prendre une maîtresse (un amant). Les équations posées par le Dr Liu l'ont cette fois amené à deux hypothèses, intitulées H1 et H2.

H1 : « À un certain point du mariage, l'utilité marginale du sexe conjugal et le retour marginal sur l'effet capital humain ont tant diminué que le bénéfice espéré d'une relation extra-conjugale devient plus important que son coût estimé (mensonges, risques sur la vie familiale, etc.), ce qui implique que l'homme a une motivation croissante pour engager une relation extra-conjugale. » Après analyse des données sur des milliers de couples, ce point critique se situerait 17,6 ans après le mariage. H2 : « Plus longtemps une femme est mariée, plus elle accumule de capital humain lié à la relation conjugale et plus elle voit s'élever le coût d'une relation extra-conjugale ; en conséquence moins est élevée la probabilité qu'elle s'y engage. » Pour la femme, le point critique n'arriverait jamais.

Turgescences aux urgences

Il est absolument déconseillé de se coincer le pénis dans une bouteille. Voila peu, la revue allemande *Der Urologe* détaillait le cas d'un patient de 62 ans qui avait passé quatorze jours avec un goulot de bouteille en plastique autour de la verge. Résultat : gangrène et amputation. De leur côté, les *Acta Urologica Japonica* (vol. 34, n° 3, p. 514-516) relatent les mésaventures d'un Japonais de 38 ans qui est resté dix-sept heures le sexe coincé dans une bouteille de lait. Il ne s'agissait pas d'accidents domestiques, vous vous en doutez bien.

On n'imagine pas le luxe de précautions qu'il faut prendre pour sortir un pénis d'un récipient en verre. Car le pénis est en général au dernier degré de la turgescence, et l'usage d'un marteau ne peut être envisagé qu'en dernier recours. Le plus souvent, les urologues ont à ôter des anneaux métalliques (ou *cock rings*) placés à la base de verges gonflées comme des ballons. À cet endroit, ils ont le même effet qu'un goulot de bouteille : ils prolongent l'érection, augmentent le plaisir de la masturbation, épicent des pratiques auto-érotiques. Pour les enlever, il faut des as de la scie à métaux et des patients au cœur bien accroché.

C'est ainsi que depuis quelques années la presse médicale est régalée d'articles du genre : « Utilisation inappropriée d'un anneau pénien en titane : un challenge interdisciplinaire pour urologues, bijoutiers et serruriers » rédigé par de facétieux médecins allemands dans la revue *Der Urologe* (vol. 44, n° 12, p. 1473-1475). L'anneau en question n'a pu être enlevé qu'avec une scie spécialisée maniée par des professionnels de la désincarcération. Les auteurs rappellent qu'on a aussi retrouvé des sexes masculins étranglés par des colliers de serrage, des joints de plombier et quantité d'autres objets circulaires (d'un diamètre approprié) directement extraits de la boîte à outils. Le bricolage n'est peut-être pas une activité si anodine.

Les photos qui illustrent ces articles sont stupéfiantes : ce sont des défis lancés au système métrique, on n'imaginait pas que de telles érections soient possibles. Les intéressés non plus sans doute, qui, à force de ne plus débander, se retrouvent aux urgences avec des œdèmes géants. Cela ne se finit pas toujours par une amputation, mais attention tout de même. Quitte à se mettre un truc autour de la verge pour bander (puis braire ?) comme un âne, autant prendre quelque chose d'élastique. Il se vend dans les sex-shops des garrots en caoutchouc plus faciles à enlever que des goulots ou des alliances. Certains sont même dotés de petits dispositifs vibreurs, c'est charmant. Cependant, même en ce cas, des complications ne sont pas à exclure. En 2004, le *Journal de la société brésilienne d'urologie* exposait les mésaventures d'un homme de 49 ans devenu incapable d'éjaculer après six ans d'utilisation d'un tel gadget. Tout ça pour des érections de quatre heures, ce qui fait vraiment long pour ce genre de loisir.

Séries porno au labo

Depuis vingt ans, le psychologue australien Ray Over et ses collègues soumettent des cobayes à d'atroces expériences. En 1984, ils commençaient par réunir 24 hommes pour leur projeter des films érotiques à haute dose pendant une semaine. Chaque session quotidienne comportait 8 épisodes de 12 minutes, durant lesquels étaient mesurées en continu la circonférence du pénis des cobayes et une appréciation subjective de leur émoi sexuel. Résultat : aucune habituation n'a été enregistrée au cours du temps (pour les malentendants : les cobayes bandaient autant le dernier jour que le premier) et le comportement sexuel des intéressés hors laboratoire n'a pas été affecté. Cette découverte considérable a fait l'objet d'une communication dans les *Archives of Sexual Behavior* (vol. 13, n° 3, p. 211-222), en même temps qu'elle a ouvert de nouveaux horizons de recherche.

En 1987, dans les mêmes conditions expérimentales, ont été comparées chez 66 hommes des érections obtenues dans deux situations distinctes : a) la projection d'un film porno ; b) un simple fantasme qu'on se déroule dans la tête. Conclusion : « Contrairement à l'excitation sexuelle induite par un fantasme, les niveaux d'excitation procurés par un film sont indépendants de la capacité du sujet à former des images mentales. » Un pas de plus avait été fait vers la connaissance, comme en témoignent les *Archives of Sexual Behavior* (vol. 16, n° 5, p. 395-409). Mais tant de chemin restait à parcourir !

L'année suivante, les chercheurs évaluaient l'efficacité « érectogène » de cinq modes de relation d'histoires cochonnes : film, diapo, texte lu, texte écrit, fantasme. Et devinez quoi ? Nous venons juste de donner le quinté dans l'ordre (ordre d'efficacité décroissante). Pour des mesures plus précises, voir les *Archives* (vol. 17, n° 2, p. 131-143) ou acheter un double décimètre.

Plus compliqué, maintenant : Ray Over a projeté encore et encore la même séquence cochonne à 16 volontaires, qui ont évidemment fini par débander. Puis il a projeté une scène inédite. Retour vers la verticalité. Et puis de nouveau la première séquence, et ainsi de suite. Tout ça pour quoi ? Pour rédiger dix pages dans *Behaviour Research and Therapy* en 1993 (vol. 31, n° 6, p. 575-585). Aucune conclusion bien claire n'émergeant de cette littérature, il a fallu poursuivre. Les cobayes se sont vu infliger 18 fois la même séquence, tandis qu'on leur demandait d'appuyer sur un bouton dès qu'un signal sonore retentissait. On observa que c'était de plus en plus mou côté sexe et de plus en plus court côté temps de réaction. Soit treize pages de plus dans les *Archives of Sexual Behavior* en 1999 (vol. 28, n° 6, p. 539-552) sous le titre « Allocation des ressources d'attention durant l'habituation et la déshabituation de l'excitation sexuelle chez l'homme ».

Ray Over s'est également penché sur les capacités psychomotrices des champions de bowling, travail dont il a confié les résultats au *Journal of Sports Sciences* (vol. 14, n° 3, p. 255-268).

Quand le sexe monte à la tête

« Il existe une étude selon laquelle un homme pense au sexe toutes les sept secondes. Je pense que cela est vrai et que cela ne change pas avec l'âge », déclarait l'acteur Dustin Hoffman dans une interview publiée en 2005 par le magazine allemand grand public *Bunte*. Hoffman, alors âgé de 67 ans, affirmait y penser « à peu près aussi souvent ».

L'acteur américain est mal informé. L'étude à laquelle il prétend se référer n'existe pas. Ce n'est qu'une de ces choses idiotes que le bouche-à-oreille colporte, principalement aux États-Unis d'ailleurs. Penser au sexe toutes les sept secondes, ou « à peu près aussi souvent », relèverait d'une forme de psychopathologie appelée compulsivité sexuelle. Penser au sexe toutes les minutes serait déjà épuisant. Inversement, n'y penser qu'une fois tous les trois ans serait inquiétant, en particulier pour le/la partenaire. Il y a probablement un juste milieu.

La science n'a pas grand-chose à dire là-dessus, c'est à chacun de voir. Quelques chiffres tout de même pour fixer les idées : 54 % des hommes (19 % des femmes) avouent penser au sexe au moins une fois par jour, selon le Kinsey Institute for Research in Sex, Gender and Reproduction, un organisme de recherche américain. Pour les autres, c'est plusieurs fois par semaine ou par mois (43 % chez les hommes et 67 % chez les femmes). Rares sont ceux qui y pensent moins d'une fois par mois (respectivement 4 % et 14 %). Mais il faudrait déjà s'entendre sur ce que veut dire « penser au sexe ». Les cas de figure vont d'une fugitive pensée égrillarde jusqu'au fantasme très élaboré. Penser au sexe toutes les sept secondes ne permettrait pas de convoquer un imaginaire très complexe. Plus loin dans l'interview, Dustin Hoffman confiait : « Ma femme et moi-même nous nous connaissons depuis trente ans, et c'est tout aussi excitant qu'au premier jour. » Ce qui prouve bien que l'acteur raconte n'importe quoi.

Les chercheurs du Kinsey Institute n'ont pas voulu s'en tenir aux données rapportées ci-dessus, ils se sont aussi demandé si les coups de blues avaient un effet quantifiable sur les pensées égrillardes. Voilà un sujet majeur, qui a d'ailleurs déjà fait l'objet de plusieurs dizaines d'études. Toutes convergent : le fait d'être déprimé ou anxieux nuit gravement à la libido, comme chacun pouvait s'en douter. Toutefois l'équipe du Kinsey est parvenue à introduire dans le tableau un élément inattendu : chez 10 % des femmes, les idées noires accroissent au contraire l'envie de sexe. Issue du débriefing de 663 lycéennes américaines hétérosexuelles, cette découverte majeure a fait en 2006 l'objet d'une communication de huit pages dans le *The Journal of Sex Research* (vol. 43, n° 2, p. 136-143).

Hélas ! rien dans ce long texte ne nous renseigne vraiment sur le pourquoi et le comment.

Pourquoi : les auteurs se contentent d'avancer que cet intérêt accru pour le sexe en période de déprime pourrait être un mécanisme de régulation de l'humeur. Comment : les lycéennes n'ont pas été interrogées sur la façon dont elles ont dissipé ce surcroît de libido (toutes seules ou à deux ?). Heureusement, les excellents Frohlich et Meston n'avaient pas éludé cet aspect des choses dans leur rapport « Self-reported depressive symptoms among college women » (*Journal of Sex Research*, vol. 39, n° 4, p. 321-325), et c'est ainsi que nous pouvons affirmer que la jeune fille déprimée a une nette préférence pour la masturbation.

Langues étrangères

Le mot « baiser » désigne dans la langue contemporaine deux activités bien distinctes, selon que l'on considère le substantif ou le verbe. Dans un cas comme dans l'autre, la chose consiste à s'échanger des germes en quantités stupéfiantes. Pour fêter la Saint-Valentin, voilà quelques années, les pharmacies suédoises ont eu cette étrange idée de parrainer une tentative de record du plus long baiser. Il s'agissait en fait d'égayer une campagne d'information sur l'hygiène dentaire. C'est ainsi que le public suédois apprit que le record était alors de près de trente et une heures, et que le nombre de germes troqués pendant un baiser (même assez court) allait chercher dans les 40 000, avec 250 types différents de bactéries. Ce fut effectivement une joyeuse Saint-Valentin.

Cependant, le risque infectieux n'est pas nécessairement le premier souci. D'un point de vue social, économique et affectif, un premier baiser peut avoir des conséquences incalculables pendant des mois, voire des années : nous évoquons ici des relations conjugales. Il peut aussi, ce baiser initial, déclencher une méchante réaction allergique chez l'un des deux partenaires. Dans le *New England Journal of Medicine* (vol. 346, p. 1833-1834), des chercheurs californiens ont rapporté qu'une fraction non négligeable (5 %) des personnes allergiques aux noix et à l'arachide se retrouvaient indisposées plus ou moins gravement après avoir roulé des pelles (*French kiss* en langage scientifique anglophone) à quelqu'un qui venait de consommer les fruits défendus.

Au même moment, dans *The Lancet* (vol. 359, p. 1700), le Dr Liccardi et quelques confrères annonçaient – sous le titre « Drug allergy transmitted by passionate kissing » – qu'une femme de 45 ans avait souffert d'un énorme œdème après une folle embrassade avec « son mari » (nous citons l'article), lequel avait avalé des antibiotiques deux heures auparavant. Madame était allergique à la pénicilline.

Les risques du baiser ne s'arrêtent pas là : morsures de la langue, éjaculation précoce et dégâts des eaux (on avait oublié que le bain coulait) sont quelques-uns des périls déjà signalés par les collégiens et autres aventuriers du sexe. Il faut aussi veiller à ne pas étouffer son / sa partenaire en lui fourrant la langue jusque dans les amygdales. L'université américaine de Columbia, qui propose un site de questions / réponses sur les grands sujets liés à la santé et au sexe (« Go Ask Alice »), met ses étudiants en garde contre les dérapages du *French kiss*. Nous citons : « Évitez les mouvements brusques de la langue. Évitez en particulier ce que certains appellent "the frog", qui consiste à introduire complètement sa langue dans la bouche de l'autre. » Les autorités sanitaires de Columbia recommandent de s'entraîner d'abord sur son bras ou sur sa main, en formant une fausse bouche avec son pouce et son index.

Une bonne nouvelle pour finir : un chercheur japonais affirme que les baisers pourraient soulager les symptômes dans certains cas d'eczémas ou de rhinites allergiques. La raison, détaillée dans le *Journal of Psychosomatic Research* (vol. 60, n° 5, p. 545-547) : le baiser aurait un effet relaxant sur le sujet embrassé, ce qui réduirait la production d'anticorps IgE (pour immunoglobuline E) dans le corps. C'est un argument qui pourrait servir dans une future tentative de séduction d'un(e) ami(e) allergique et confiant(e) dans les progrès de la science. Gare aux crises d'asthme au moment fatidique !

Fontaine de jouvence

IL ÉTAIT DÉJÀ ÉTABLI que la masturbation ne rend pas sourd. On sait maintenant qu'elle n'augmente pas chez l'homme le risque de cancer de la prostate, contrairement à ce qu'affirmait une vieille théorie. Et puis il y a mieux : les deux équipes (l'une australienne, l'autre américaine) qui ont fait cette découverte sont à deux doigts de conclure que la branlette est dans le fond assez bonne pour la santé si on la pratique avec suffisamment d'assiduité. Mais veuillez rester boutonnés encore deux minutes.

L'étude américaine a suivi 30 000 hommes pendant huit ans. Ses auteurs ont pu affirmer dans le *Journal of the American Medical Association* (vol. 291, n° 13, p. 1578-1586) que les grands éjaculateurs (au moins 21 fois par mois en moyenne sur la vie adulte, ce qui fait un sacré paquet) ont un tiers de risques en moins de choper un cancer de la prostate que les éjaculateurs moyens (4 à 7 fois par mois). Une précédente étude, australienne celle-là et menée sur un échantillon plus réduit, avait abouti à une conclusion similaire (*BJU International*, vol. 92, n° 3, p. 211-216). Comme on a rarement une vingtaine de rapports sexuels chaque mois, sauf dans sa prime jeunesse peut-être, c'est à la force du poignet qu'il faudra se hisser jusqu'à ces hauteurs où l'hygiène est reine.

Veuillez noter que la décroissance du risque cancéreux n'est pas linéaire en fonction du nombre d'éjaculations : en dessous de 12 par mois, aucun effet positif n'est constaté. Est-ce à dire que la science nous incite à y aller *ad libitum*, y compris durant les heures de travail ? Non, ou du moins pas encore. Il reste quelques trucs à vérifier. D'abord pourquoi des éjaculations fréquentes réduiraient-elles le risque cancéreux ? Est-ce parce qu'elles draineraient la prostate des carcinogènes qui s'y accumulent ? C'est une des hypothèses actuellement à l'étude. Y a-t-il une dose à ne pas dépasser ? On n'en sait rien. Mais il serait stupide de risquer une tendinite du poignet sans être sûr d'en tirer bénéfice côté prostate.

En 1712 paraissait à Londres une brochure (*Onania*, de John Martin) qui accusait la masturbation de tous les maux. S'ensuivirent quelques années difficiles pour les plaisirs solitaires. Au début du XXIe siècle, grande embellie : en Amérique du Nord, on déclare le mois de mai « mois de la masturbation » tandis que sont créés çà et là des événements publics baptisés Masturbe-o-thon, sortes d'épreuves d'endurance organisées au profit d'œuvres charitables. Pour contempler ces trois cents ans de progrès, on se reportera au livre d'un historien de l'université de Berkeley, Thomas Laqueur, qui a consacré pas moins de 500 pages au sujet : *Le Sexe en solitaire. Contribution à l'histoire culturelle de la sexualité* (Gallimard).

N'oublions pas les femmes et ouvrons à sa page 100 l'ouvrage de l'Américaine Rachel Maines titré *The Technology of Orgasm : "Hysteria", the Vibrator, and Women's Sexual Satisfaction* (aux éditions Johns Hopkins University Press) : on y apprend que le vibromasseur a été le cinquième objet « de tous les jours » à être électrifié, après l'ampoule, la machine à coudre, le ventilateur, la bouilloire et le grille-pain. On peut voir là comme une échelle des priorités.

64 fois 69

L'homme et la femme ont des rapports sexuels depuis plusieurs milliers d'années au bas mot, mais il aura fallu attendre l'an 2006 pour avoir une idée vraiment précise des cochonneries que ces deux-là faisaient ensemble. Bien sûr on connaissait les contraintes mécaniques de l'exercice, en gros des histoires de convexité et de concavité comme chacun l'apprend assez vite. L'humanité savait aussi que le nombre de pratiques possibles entre Monsieur et Madame était élevé sans être infini. Mieux : depuis 2003 et la publication d'une étude australienne dirigée par le Dr Richard de Visser, on avait des chiffres sur la fréquence de ces pratiques. À savoir : 95,6 % des hommes (93,9 % des femmes) ont témoigné avoir eu un « rapport vaginal » lors de leur dernière partie de jambes en l'air, 81,4 % (ou 75,7 % selon elles) ont rapporté une « stimulation manuelle » de la femme par l'homme, 73,9 % (ou 69,5 %) une « stimulation manuelle » de l'homme par la femme, 30,3 % (ou 24,3 %) un cunnilingus, 26,4 % (ou 23,7 %) une fellation et enfin 0,9 % (ou 0,7 %) un « rapport anal ».

Même ceux qui sont très nuls en maths voient bien que ces six types de réjouissances ne sont pas exclusifs les uns des autres, puisque la somme des chiffres est largement supérieure à 100 %. La fornication consiste donc souvent en la conjugaison de plusieurs exercices. Ici s'arrêtait, abruptement, l'étendue de la connaissance humaine. Au-delà commençait un continent de turpitudes que l'on savait multidimensionnel et que l'on pressentait complexe. Aller plus loin nécessitait d'étudier toutes les combinaisons des six pratiques énoncées ci-dessus, soit au total 64 possibilités. Par exemple : « fellation + rapport anal + stimulation manuelle de l'homme par la femme ». Ou encore : « rapport vaginal + cunnilingus + fellation + stimulation manuelle de la femme par l'homme ». Eh bien, ce travail de bénédictin a été réalisé par une autre équipe australienne, celle-là menée par Juliet Richters, dont les résultats ont été publiés, en 2006 donc, dans le *Journal of Sex Research* (vol. 43, n° 3, p. 217-226). La tâche a consisté principalement à faire un peu de calcul à partir du débriefing de 5 118 hommes et femmes. Premier constat, seules 13 des 64 combinaisons sont réellement employées : elles comptent pour 93 % des réjouissances homme / femme. En tête, les combinaisons « stimulation manuelle de l'homme et / ou de la femme + rapport vaginal » (49 % des cas). Sur la deuxième marche du podium, les cocktails « stimulation manuelle + stimulation orale (cunnilingus ou fellation) + rapport vaginal » (32 %). Médaille de bronze : le rapport vaginal « sec », si l'on ose dire (12 %).

L'option que l'on pourrait qualifier de « totale » – « rapport vaginal + rapport anal + fellation + cunnilingus + stimulation manuelle (homme) + stimulation manuelle (femme) » – est rarement utilisée : seuls 0,6 % des hommes (et 0,2 % des femmes) se vantent de l'avoir pratiquée lors de leurs derniers ébats. L'affaire suppose, il est vrai, d'avoir un peu de temps devant soi ainsi qu'une libido en folie.

Sur l'ensemble du panel, c'est-à-dire toutes combinaisons confondues, 95 % des hommes ont atteint l'orgasme, et seulement 69 % des femmes. Les chercheurs ont fait à ce sujet une découverte qui, à elle seule, pourrait justifier toute l'étude : les femmes ont plus de chances d'atteindre l'orgasme lorsque la rencontre combine plusieurs exercices, en particulier le cunnilingus. C'est une manière toute scientifique de signifier qu'il faut savoir varier les plaisirs.

Distraction fatale

« JE NE SUIS PAS SÛR d'avoir fermé le gaz », « Vais-je être à la hauteur ? », « Je devrais être en train de travailler », « Et si je tombais enceinte ? », « Ce que je fais est totalement immoral », « J'ai vraiment grossi ces derniers temps » sont quelques-unes des pensées parasites qui peuvent traverser l'esprit d'un homme ou d'une femme au beau milieu d'ébats intimes. Ce genre de diversion est susceptible de nuire gravement au plaisir d'un rapport sexuel, voire de le conduire au fiasco. Étrangement, la recherche ne s'était jamais penchée sur ce phénomène, pourtant courant, jusqu'à ce que Christine Purdon et Laura Holdaway, psychologues à l'université canadienne de Waterloo (Ontario), se mettent en tête d'interroger sur le sujet une centaine de leurs étudiants.

Chacun se vit remettre un « Non-erotic Thought Content Questionnaire », document invitant le cobaye à détailler jusqu'à douze « pensées non érotiques » qui avaient squatté un de ses derniers rapports sexuels (il était possible d'aller au-delà de douze en utilisant le dos du questionnaire). C'est ainsi qu'ont pu être recueillies 345 pensées étrangères à l'idée de copulation, quoique germant au moment même. Pour faciliter le travail, les chercheurs réunirent ces parasites du sexe en neuf grandes catégories : 1) Intrusion (craintes que quelqu'un ne déboule dans la chambre ou tout autre lieu où se déroule l'action), 2) Souci du corps (préoccupations sur l'apparence ou l'odeur de son corps), 3) MST / Grossesse (conséquences les plus fâcheuses d'un coït), 4) Émotion / Relation (interrogations soudaines sur la qualité de la relation avec son / sa partenaire), 5) Moralité / Culpabilité / Regret (il fallait y penser avant, les enfants !), 6) Dégoût (de l'activité sexuelle en cours), 7) Distraction (on pense au boulot, aux factures, au chat, à la chute des feuilles d'érables en Caroline du Nord), 8) Pensées des autres (on se met par exemple à rêvasser à son ex) et 9) Performance (voir plus haut : « Suis-je à la hauteur ? »). Certaines réponses n'ont pu être classées car relevant simultanément de plusieurs catégories, par exemple « Mais qu'est-ce que je fais là ? » ou « J'espère que cette capote est vraiment solide ». C'est à ce genre de détails que l'on se rend compte que la recherche est une activité parfois complexe. Fut donc créée une catégorie « Pensées Non Codables ».

Passons aux résultats, tels que nous les découvrons dans *The Journal of Sex Research* (vol. 43, n° 2, p. 154-162). L'homme et la femme ont une moyenne de quatre « pensées non érotiques » par rapport. Chez la femme, l'enchaînement de ces pensées est souvent MST / Grossesse, puis Intrusion, et enfin Souci du corps. Chez l'homme, le tiercé dans l'ordre serait plutôt Performance, puis MST / Grossesse et enfin Non Codable. Dans de très rares cas (2 femmes et 5 hommes de l'échantillon), le sujet n'est dérangé par aucune pensée parasite ; il est totalement concentré sur son travail et obtient, on l'imagine, d'excellents résultats.

Estimant ces données essentielles pour la compréhension et par conséquent le traitement de divers types de dysfonctionnements sexuels, les auteurs concluent sur la nécessité de poursuivre les recherches. Par exemple, on pourrait se demander si la nature des « pensées non érotiques » n'évolue pas avec l'âge. Avant l'orgasme, le cinquantenaire pense-t-il d'abord à son portefeuille d'actions ou au cumul de ses points retraite ?

Sommeil paradoxal

LONGTEMPS, les chercheurs ont tourné autour du pot. Cela donnait des articles comme : « Masturbation pendant le sommeil : une variante du somnambulisme ? » (*Singapore Medical Journal*, 1986), ou encore « Comportement sexuel atypique durant le sommeil » (*Psychosomatic Medicine*, 2002). Soudain, en 2003, une équipe canadienne s'est jetée à l'eau, affirmant que, oui, il existait bel et bien un somnambulisme du sexe. Et les cas de « sexsomnie », ainsi que ces chercheurs ont baptisé le phénomène, seraient plus fréquents qu'on ne le croit. Pas moins de onze affaires nous sont présentées dans la *Revue canadienne de psychiatrie* (vol. 48, n° 5, p. 311-317).

Madame, si votre homme vous saute dessus pendant la nuit et ne se souvient de rien au réveil, c'est que vous couchez avec un sexsomniaque (ou un ivrogne). Monsieur, si votre compagne se masturbe frénétiquement dans son sommeil, n'en prenez pas ombrage : elle a la main somnambule (et passablement égoïste).

La découverte de la sexsomnie par cette équipe de Toronto a eu une conséquence immédiate : quantité de blagues sur la vie sexuelle des Canadiens. C'est très injuste car, dans une étude antérieure, le professeur Christian Guilleminault, de la Clinique du sommeil de Stanford, avait décrit onze cas en Californie. Une autre conséquence prévisible de cette découverte est une vague d'assauts nocturnes sous couvert de sexsomnie. Elle : « Non mais qu'est-ce que tu fais ! ? Il est 3 heures du matin ! » Lui : « Quoi ? Où suis-je ? Mince alors, j'ai chopé la sexmachintruc. Regarde, ils en parlent dans les journaux scientifiques. »

Ce stratagème sera difficile à déjouer car, chez le sexsomniaque, notent les Canadiens, « les activités motrices sont relativement restreintes et spécifiques, et une certaine forme de conscience onirique est souvent présente ». Cet état n'est donc pas très différent de l'éveil.

En cas de vraie sexsomnie, consultez un spécialiste : une prescription d'anticonvulsivants rend en général les nuits plus calmes. Cela peut aussi éviter de graves mésaventures, comme celles de cette Australienne qui, pendant des mois, a eu des rapports sexuels avec de parfaits inconnus lors de ses crises de somnambulisme. Et évidemment aucun souvenir des événements à son réveil. Ce cas a été détaillé en 2004 par le Dr Peter Buchanan, du Royal Alfred Hospital de Sydney, lors du congrès annuel de l'Australasian Sleep Association. Le compagnon de cette femme avait fini par avoir quelques soupçons, notamment après avoir retrouvé nombre de préservatifs usagés autour de la maison. Puis, un jour, cet homme a surpris sa femme en pleine action. « L'incrédulité est le sentiment dominant dans des cas comme celui-là », a finement souligné Peter Buchanan devant ses confrères.

En 1987, un Canadien avait fait 23 kilomètres en voiture pour aller assassiner ses beaux-parents. Il fut acquitté, un expert ayant réussi à prouver que cette mortelle randonnée avait été effectuée lors d'un épisode de somnambulisme. C'était sans doute un excellent conducteur.

Jamais surprendre ne doigt

LE CABINET MÉDICAL n'est qu'exceptionnellement le lieu de la gaudriole. L'ambiance ne s'y prête pas, on vient là pour de tout autres motifs, rarement badins. C'est pourquoi le rapport médecin/patient est généralement dépourvu d'ambiguïté – sauf dans ces fictions cinématographiques conçues pour le divertissement des adultes, où médecins et infirmières tiennent des rôles fort peu en rapport avec leur pratique quotidienne.

Évidemment, certains actes médicaux sont plus intrusifs que d'autres; en particulier les touchers rectaux et vaginaux, qui doivent être pratiqués dans des conditions ne soulevant pas le moindre début de soupçon d'équivoque. Comme ce type d'examen est pratiqué pour, entre autres, le dépistage d'éventuels kystes ou tumeurs, les deux parties en présence sont plutôt dans l'angoisse ou la préoccupation que dans le désir. Toutefois, des accidents ne sont pas à exclure, comme en témoigne la prodigieuse lettre qu'un patient a adressée en 2003 à la revue *African Health Sciences* (vol. 3, n° 3, p. 146). Son titre résume l'essentiel: « Un examen rectal confondu avec une sodomie: une expérience personnelle! »

En 1985, au Kenya, un cadre supérieur de 38 ans consulte pour de violents maux d'estomac. Un ulcère est suspecté. Cependant les traitements prescrits par plusieurs médecins ne donnent rien, si bien que le patient va consulter à l'hôpital de Nairobi un grand spécialiste, qui se trouve être d'origine indienne. Un rendez-vous est fixé pour un examen complet. Après un court entretien, le médecin demande à son patient de s'allonger nu, face au mur, sur une table d'examen, avec une jambe repliée. Le cadre sup s'inquiète, ainsi qu'il le rapporte dans la lettre : « Je n'avais jamais été soumis à ce type d'examen, surtout par un médecin asiatique. J'en ai conclu que cet homme voulait peut-être avoir un rapport sexuel avec moi, et je me suis préparé à toute éventualité. » On se fait vite des idées.

Apparemment du genre inquiet, et pas exempt de préjugés, le patient continue : « J'étais déterminé à faire en sorte que la moindre agression sexuelle de cet homme se termine par sa mort, et éventuellement la mienne, même si je ne voyais pas comment un Asiatique pouvait me vaincre au combat, sans parler de coucher avec moi. » En Afrique, l'homosexualité reste une question taboue.

C'est alors que le patient kényan sent les doigts du praticien lui pénétrer l'anus. Immédiatement il se lève et plaque le médecin contre le mur en lui serrant la gorge. « Il a crié en me traitant de tous les noms, mais j'étais déterminé à lui donner une leçon », se souvient le malade. Car il s'agit ici de pédagogie. Tandis que le spécialiste indien est libéré par le personnel de l'hôpital, en piteux état toutefois, le patient peu coopératif se rhabille et court chez son médecin. Lequel lui explique en rigolant que la procédure n'avait rien d'anormal.

Ce témoignage d'une grande sincérité s'achève sur des excuses et cette recommandation : « J'espère que les médecins et autres personnels de santé vont apprendre à bien expliquer les actes qu'ils veulent pratiquer sur leurs patients. » Ils vont surtout commencer par apprendre par cœur le nom du signataire de cette lettre, puis tenter de ne jamais croiser sa route.

More sexe please, we're British

En juillet 1969, un être humain foulait pour la première fois le sol lunaire. Durant les années qui suivirent, la grande aventure scientifique s'essouffla un peu. Mais en mars 2004, retour de perspectives vertigineuses : le *British Journal of Urology* publiait la « première étude sur les pratiques sexuelles des Britanniques de plus de 40 ans ». De nouveau, un monde à la fois proche et stupéfiant nous était révélé, et notamment ceci : il se passe en moyenne une heure entre l'instant où le mâle britannique d'âge mûr se dit qu'il aurait bien un petit rapport sexuel et l'instant où il entame effectivement ce rapport. Évidemment cette question surgit : mais à quoi donc cette longue heure est-elle consacrée ? À vérifier qu'il n'y a rien d'intéressant à la télé à la même heure ?

On leur a posé de drôles de questions, à ces Britanniques d'âge mûr. Exemple : « Est-il important pour vous d'avoir un rapport avec éjaculation plus d'une fois dans une période de vingt-quatre heures ? » Aux moins de 40 ans sans doute demanderait-on s'il leur arrive de fréquenter plusieurs partouzes dans la même soirée. Il s'est trouvé 19 % de quarantenaires et plus pour répondre que cela était soit « très », soit « extrêmement » important de remettre le couvert. Pour les 81 % restants, l'essentiel était qu'au-delà de cette limite (40 ans) leur ticket reste valable au moins pour un aller simple.

Si le questionnaire était bizarrement anglé, c'est parce que l'étude était financée par le laboratoire Pfizer, qui jaugeait ainsi le marché du Viagra, alias le citrate de sildenafil. Comme ce produit met une trentaine de minutes pour agir, il eût été embêtant que le Britannique exigeât de passer de l'idée à l'acte en quelques secondes, genre crac-crac sur la table de cuisine. Pas de danger de ce côté-ci, donc, mais on s'en doutait un peu.

Ensuite, comme l'effet du Viagra se prolonge sur environ quatre heures, c'eût été un réel gâchis que 100 % des Britanniques se contentassent d'un seul coït devant les bûches électriques du salon, et n'en parlons plus *my dear*. Soulagement aussi de ce côté-là. Par ailleurs, le fait que 32 % des « vieux » Britanniques avouent des problèmes d'érection est venu parfaire le bonheur de Pfizer.

Depuis 2004, notre connaissance des effets du Viagra a considérablement progressé, en tout cas plus vite que celle de la sexualité des Britanniques (sujet qui finit par lasser, y compris les intéressés). Des effets surprenants ont ainsi été mis à jour. Par exemple le citrate de sildenafil semble stimuler le système nerveux. L'administration quotidienne de la molécule à une patiente plongée dans un *lock-in syndrome* a permis une amélioration sensible de son état, comme l'a constaté une équipe de neurologues américains (*The Canadian Journal of Neurological Sciences*, vol. 33, n° 2, p. 246-249). Plus anecdotique : une équipe allemande révélait en janvier 2007 que le Viagra pouvait nuire à l'odorat. Environ un utilisateur sur cinq se plaindrait de congestion nasale, selon leur étude parue dans le *Journal of Urology* (vol. 177, n° 1, p. 258-261). L'inconvénient semble mineur au regard du regain de rigidité.

Oh my gode !

LE GODEMICHET est l'objet à l'aune duquel les progrès de la civilisation peuvent être le plus finement mesurés. Hier, du temps de l'*Homo erectus*, il n'y avait rien : juste de vastes plaines où la fornication était fréquente et intense, si bien que le marché de l'accessoire restait désespérément plat. Bientôt apparut la culture des champs puis celle des esprits, et avec elles la recherche du plaisir : longue est la journée de l'agriculteur, et plus encore celle de la femme qui l'attend.

On ne trouve pas que des momies et des tablettes gravées en fouillant les sites archéologiques : des pierres sculptées en forme de pénis ont aussi été exhumées. Immédiatement les spécialistes y ont vu des objets utilisés lors de rituels religieux où l'on invoquait la déesse de la fertilité. Le terme de « *sex toy* » n'existait pas encore à l'époque de ces découvertes, ce qui explique sans doute ces circonlocutions.

Madame n'avait pas attendu les civilisations grecques et romaines pour se passer de Monsieur puisque le plus vieux godemichet connu à ce jour est vieux de 106 000 ans. Retrouvé en Islande, il est taillé dans un os de baleine : du solide ! Il y a peut-être plus ancien ; le double bâton phallique récupéré sur le site paléolithique de la Gorge d'Enfer (Dordogne) ne serait-il pas un godemichet double, c'est-à-dire susceptible de combler simultanément deux orifices ? C'est en tout cas la thèse audacieuse qu'a défendue le Dr Timothy Taylor dans la revue *British Archeology* (n° 15, juin 1996) puis dans son ouvrage *La Préhistoire du sexe* (Bayard éditions, 1998).

Avec le temps, l'objet s'incarne dans le bronze, l'ivoire, le cuir. Les Grecques anciennes le lubrifient avec de l'huile d'olive, les Africaines font des miracles avec de la merde de chameau séchée puis enrobée de résines végétales. L'ingéniosité humaine semble trouver enfin un terrain à sa mesure. Cette aventure de l'intelligence va durer des siècles et, encore récemment, arrivait sur le marché le premier vibromasseur à télécommande. D'un côté, un petit machin à piles qui vibre là où ça fait du bien ; de l'autre un boîtier que l'on confiera par exemple à son partenaire. Il paraît que c'est un moyen exquis d'épicer *incognito* un repas entre amis. Ça peut aussi rendre un trajet en métro plus rigolo. Et dire que rien de tout cela n'existait au Néolithique !

Pour terminer, rappel de quelques précautions d'usage. D'abord, ne jamais laisser l'engin en poste de manière permanente. Explorant une patiente, un urgentiste britannique a fait une découverte suffisamment étonnante pour qu'il juge utile d'en avertir ses confrères lecteurs de l'*European Journal of Emergency Medicine* (vol. 9, n° 1, p. 61-62) dans un article – « Intravaginal vibrator of long duration » – qui souligne les complications éventuelles de ce genre de pratique, des fistules par exemple.

Ensuite, veiller à bannir toute forme de bricolage. Comme il le raconte dans l'*American Journal of Forensic Medicine and Pathology* (vol. 2, n° 3, p. 271-272), un médecin légiste américain a dû examiner un couple décédé en pleins ébats pour des raisons évidentes : l'homme avait dans le rectum un tube métallique long de 22 cm et d'un diamètre de 2,5 cm. L'engin, enfoncé sur une profondeur de 18 cm, était relié à un générateur électrique. La femme, que le légiste a retrouvée allongée sur l'homme, avait dans l'anus un dispositif similaire, enfoncé d'autant. Une surtension a sans doute mis fin aux réjouissances. On trouve dans le commerce des appareils bien moins dangereux.

Rigide est la nuit

S'IL Y A QUELQUE CHOSE de vertigineux dans la production scientifique du XXe siècle, c'est bien le nombre d'études consacrées aux érections nocturnes. On en recense des centaines rien que sur les vingt dernières années. Peut-être est-ce un rite initiatique. Peut-être faut-il, pour entamer une belle carrière dans la recherche médicale, avoir publié au moins une communication sur les érections nocturnes, si possible dans une revue en langue anglaise où la chose est lapidairement désignée par le sigle NPT (Nocturnal Penis Tumescence). Avez-vous passé votre NPT ? Oui, avec les félicitations du jury. Alors allez soigner l'humanité.

Le problème, c'est que les angles d'attaque de la turgescence du dormeur commencent à se faire rares. Tout a été étudié : les érections du fumeur (pas terribles), du diabétique (problématiques), du jeune homme sain sous Viagra (formidables), de l'homme à petit pénis (médiocres), du patient en état végétatif (presque normales), de l'enfant, du vieillard et bientôt sans doute du castor.

On a étudié les meilleurs moyens d'étudier la bandaison nocturne : au laboratoire ou à la maison, durant la nuit ou pendant un somme matinal, avec tel ou tel type de RigiScan (un appareil spécialisé dans la mesure de l'érection), etc. Une équipe américaine de Cincinnati (Ohio) s'est même penchée sur le cas des officiers de police qui patrouillent à vélo. Elle a ainsi découvert que plus l'officier passait d'heures à vélo, plus il bandait mou. Évidemment, les chercheurs ne l'ont pas dit comme ça dans les colonnes du *Journal of Andrology* (vol. 23, n° 6, p. 927-934) ; ils ont préféré écrire : « Le nombre d'heures passées à vélo le jour du test est corrélé négativement en RAU (r = – .41, P = .04) et en TAU (r = – .45 ; P = .04) ». Sachez que TAU veut dire Tumescence Activated Unit, RAU Rigidity Activated Unit, et que ce sont là des mesures scientifiques de la bandaison captées par le RigiScan – ou RigiScan Plus dans sa version améliorée – à la base du sexe et à son extrémité.

Si la recherche s'intéresse tant aux érections nocturnes, c'est parce que celles-ci permettent de distinguer les impuissances d'origine organique de celles d'origine psychologique, pour faire court. Si ça fonctionne la nuit, cela signifie qu'il n'y a pas de problèmes de plomberie. C'est pourquoi tout homme qui se plaint de ses performances au lit a de bonnes chances de se retrouver avec un RigiScan autour du zizi, et bonne nuit monsieur.

Normalement, le représentant masculin de la race humaine a entre 3 et 6 érections par nuit, d'une durée de 10 à 15 minutes chacune, pour une durée moyenne de sommeil de 8 heures. Rêves érotiques ? Une équipe américaine a tâché de savoir si le visionnage d'un petit film porno avant d'aller au dodo avait une influence sur les érections nocturnes. Réponse : non. Pour de plus amples détails, se reporter au *Journal of Psychosomatic Research* (vol. 42, n° 6, p. 547-553).

Quelle qu'en soit la cause, l'érection nocturne est un signe de bonne santé en même temps qu'une énergie dilapidée en vain.

Stay on the scene !

Le regretté James Brown, auquel cet ouvrage doit son titre et plus encore, a quitté notre planète en laissant vibrer dans l'air de subtiles paroles, dont celles-ci évidemment : « *Get up / Stay on the scene / Like a sex machine.* » Côté scènes, la thématique de ces pages nous contraint à donner ici la priorité à celles du sexe – clubs de *strip-tease* et *topless bars* – plutôt qu'à celles de l'opéra ou du théâtre. Mais la science n'est pas prise au dépourvu pour autant. La recherche a produit en effet un nombre incalculable de travaux sur les lieux d'effeuillage ainsi que sur ceux qui les fréquentent, aux premiers rangs desquels nous trouvons les sociologues et les anthropologues, plus quelques provinciaux en goguette.

De l'élégant cabaret parisien jusqu'au plus misérable des *strip joints* de la banlieue de Dallas (Texas), l'effeuillage est affaire de négociation. On donne et on prend. Mais la transaction est plus complexe qu'il n'y paraît ; elle mérite même analyse, si l'on excepte les simples cabines de *peep-show* où la transaction se résume à un double versement en liquide. Spécialiste en théorie de la communication à la DePaul University

(Illinois), Alexandra G. Murphy soulignait récemment dans le *Journal of Contemporary Ethnography* (vol. 32, n° 3, p. 305-335) que la plupart des recherches sur les strip-teaseuses identifiaient ces femmes comme des victimes de la « sexploitation », obligées de vendre leur corps pour de l'argent. Or pas du tout, rétorque Alexandra. Dans un strip club, affirme-t-elle à la lumière de moult interviews, « la puissance circule à travers un système de relations discursives en concurrence, qui forme une dialectique de liberté et de contrainte dans laquelle les strip-teaseuses sont à la fois sujets et objets ». Dès lors, les choses sont nettement plus claires, et l'on peut conclure avec l'auteure que, « étant donné le besoin pour toute femme d'assumer son sexe dans sa vie quotidienne, le strip-tease n'est pas une activité aussi déviante qu'on l'affirme ».

Katherine Frank, de la Duke University, a écrit de son côté un remarquable « Production d'identité et négociation de l'intimité dans un gentleman's club » dans la revue *Sexualities* (vol. 1, n° 2, p. 175-201). Elle tente d'y analyser les relations entre les strip-teaseuses et leurs clients réguliers au crible d'un nombre remarquablement élevé de disciplines relevant des sciences humaines, rappelant au passage cette jolie formule : « L'amour, c'est donner quelque chose que vous n'avez pas à quelqu'un qui n'existe pas. »

Dans le journal *Deviant Behavior* (vol. 24, n° 4, p. 333-352), la sociologue Beth Montemurro a établi une typologie des femmes qui fréquentent les clubs de strip masculin : eh bien, la fourchette est large. Enfin

James D. Preston et Graves E. Enck, sociologues à la Memphis State University (Tennessee), ont passé deux mois et demi dans un *topless club* à observer les interactions client-serveuse (aux seins nus), analysant la façon dont chacun crée une fausse intimité avec l'autre. On imagine qu'ils ont eu un mal de chien à convaincre leurs femmes que tout ça, c'était pour produire de la science. Leur article existe pourtant bel et bien : treize pages dans *Deviant Behavior* (vol. 9, n° 4, p. 369-381) sous le titre « Intimité fabriquée : une analyse dramaturgique de la performance érotique ».

Peu de physiciens au *strip tease,* du moins pendant le service. Ils ont tort : le *Journal of Applied Mathematics and Mechanic* serait ravi d'accueillir une communication du genre « Chaotic vibration induced by turbulent noise in a two-mass model of breast during erotic dancing ». Pour les non-anglophones : des histoires de poitrine tressautante expliquées à la lumière conjuguée de la biomécanique et de la physique des phénomènes non linéaires.

Une femme à sa taille

LE GUPPY, petit poisson très prisé des aquariophiles, a une sexualité assez proche de la nôtre, à ceci près que dans cette espèce le coït ne dure qu'un vingtième de seconde et que le mâle semble préférer les grosses. Chez nous, Monsieur a une inclination pour les partenaires à taille fine, c'est même un de ses tout premiers critères de sélection si l'on en croit le Dr Devendra Singh. Ce chercheur de l'université du Texas (à Austin) s'en est rendu compte en livrant aux mâchoires goulues d'un ordinateur quelque 345 000 ouvrages de littérature anglaise des XVIe, XVIIe et XVIIIe siècles. La machine est alors partie voir ce que les auteurs avaient en tête lorsqu'ils parlaient d'une femme séduisante : les seins, les fesses, les cuisses ? Non : le plus souvent la taille, fine comme celle d'une guêpe [1].

C'était une bien étrange question à poser à la littérature, mais certains chercheurs sont comme ça ; ils pensent que la vérité est dans la fiction, cette écume du

1. « Did the perils of abdominal obesity affect depiction of feminine beauty in the sixteenth to eighteenth century British literature ? » dans les *Proceedings of the Royal Society B*.

monde. Par ailleurs, les spécialistes de l'évolution sont convaincus que les critères de la séduction nous viennent du fond des âges : les appas d'une femme ne feraient que traduire son aptitude à la reproduction. Une taille mince est un indice de bonne santé et de fécondité, elle est donc recherchée. Devendra Singh voulait juste vérifier qu'on n'avait pas attendu Claudia Schiffer et Eva Herzigova pour flasher sur les tailles de guêpe. Bref, il tenait à prouver que c'était là un invariant de la concupiscence masculine. La réponse est bien oui, et le chercheur en a trouvé des preuves jusque dans les poésies indienne et chinoise des premiers siècles de notre ère.

Étrangement, il a laissé de côté la fiction française. Cher Devendra, nous pouvons t'assurer que pas une fois dans *La Chartreuse de Parme* Stendhal n'évoque la taille (ni les cuisses d'ailleurs) de la duchesse Sanseverina, qui est pourtant la plus belle femme de notre littérature. Mais nous te concédons qu'Emma Bovary, beauté de province qui a fait date, était fine à la ceinture. « Elle était charmante, à cheval, écrit Flaubert. Droite, avec sa taille mince, le genou plié sur la crinière de sa bête et un peu colorée par le grand air dans la rougeur du soir. »

Certains se demandent si la préférence du guppy pour les grosses n'est pas due au fait qu'elles sont plus difficiles à rater, surtout dans un petit aquarium[1]. De la

1. Nous n'inventons rien : cette hypothèse est mentionnée à la page 429 d'un supplément des *Proceedings of the Royal Society B* du 7 décembre 2004.

même manière, on peut s'interroger sur le fondement réel de l'attraction vers les femmes à fine taille : ne serait-ce pas surtout un moyen pour l'homme, ce lourdaud, d'être sûr à première vue que sa partenaire potentielle n'est pas déjà enceinte (auquel cas il serait évidemment inutile d'en rajouter dans l'intérêt de l'espèce) ? Il n'est pas impossible que la littérature écossaise du XXIe siècle vienne nous apporter quelques éclaircissements là-dessus.

Gare au gorille

Si les scientifiques usaient d'un langage franc et direct, et non pas de ce jargon indigeste qui fait leur triste réputation, un article paru en octobre 2005 dans la revue *Biological Psychology* aurait été titré : « Regarder des singes copuler fait bander les femmes ». C'eût été plus clair, et tout aussi juste, que le « Différence dans les éléments qui provoquent une réponse génitale chez l'homme et la femme » que les chercheurs canadiens Meredith Chivers et Michael Bailey ont choisi pour annoncer leurs résultats dans ce journal spécialisé en neurosciences cognitives (vol. 70, n° 2, p. 115-120).

Car, oui, les 18 femmes auxquelles les scientifiques ont projeté un film mettant en vedette deux singes bonobos en plein coït ont eu une réaction vaginale sans équivoque, tandis que les 18 cobayes masculins n'ont pas eu le moindre début d'érection. Face à cette information livrée certes un peu brutalement, le lecteur aura sans doute une double réaction. D'abord il se dira qu'il faut vraiment être dérangé pour faire des expériences pareilles. Ensuite il se demandera pourquoi les femmes sont apparemment excitées par un tel spectacle. Ce qui fait déjà deux bonnes raisons d'essayer de comprendre ce qui était en jeu dans ce travail de recherche (les spécialistes du phytoplancton aimeraient susciter une telle soif de connaissance !).

D'abord, il est établi qu'hommes et femmes n'ont pas du tout le même type de réactions physiologiques face à un stimulus sexuel, et l'on ne parle pas ici que de mécanique. Monsieur commence à déployer les attributs du mâle en rut lorsqu'il est confronté à des images de femme s'il est hétérosexuel, d'homme s'il est homosexuel, d'enfant s'il est pédophile, ou encore d'animal pour les zoophiles et de couche-culotte pour les autonépiophiles. Madame ne fonctionne pas comme ça. Scènes de coucherie entre femmes, entre hommes ou tout bêtement mixtes induisent toutes chez elle une excitation mesurable, d'intensité variable. On l'a découvert en projetant à des cobayes divers types de films avec réjouissances coïtales ou orales entre adultes consentants, tout en surveillant l'amplitude de pulsation vaginale des intéressées (un témoin de la vasocongestion du vagin caractéristique d'une réponse sexuelle) à l'aide d'un photopléthysmographe. C'est-à-dire que la seule vision d'une scène de sexe, quelle qu'en soit la nature, déclenche automatiquement chez la femme une réponse physiologique, pas nécessairement accompagnée d'une excitation subjective (alors que chez l'homme les deux vont de pair). Du coup, nos amis Canadiens se sont dit : et si on essayait avec des singes ?

Eh bien ça marche encore avec les bonobos. Là, il devenait urgent de répondre à la question : pourquoi ? Les femmes auraient-elles toutes des tendances latentes à la zoophilie ? Réponse : non, voyez plutôt au rayon Darwin. « La vasocongestion génitale prépare le vagin à l'activité sexuelle via la lubrification, facilitant ainsi l'introduction du pénis et réduisant le risque de blessure ou d'infection de l'appareil reproductif, rappellent les auteurs. Cette vasocongestion réflexe pourrait ainsi être un mécanisme de protection hérité de l'évolution. » Au temps des cavernes, et même bien avant, il faut croire que la femme ne savait jamais très bien ce qui allait lui tomber sur le dos. L'important était d'en sortir sans trop de dommages.

La quadrature du pénis

POUR CONCLURE, il nous faut répondre aux mille interrogations, souvent inquiètes, sur lesquelles cet ouvrage n'a pas encore apporté de lumière. Les quelques éléments ci-dessous ne remplaceront évidemment pas une consultation chez un spécialiste.

– Existe-t-il une relation entre pointure (du pied) et taille du sexe ? Non, non et non ! Cela a été établi une bonne fois pour toutes en 2002, au département d'urologie de l'hôpital St. Mary à Londres. Deux membres de ce service se sont embêtés à mesurer le pénis (en érection) de 104 hommes et n'ont trouvé aucune corrélation avec la pointure de ces individus (*BJU International*, vol. 90, n° 6, p. 586-587). Notons en passant que le sexe d'un adulte anglais émoustillé se déroule en moyenne sur 13 cm et qu'il chausse du 43.

– Je suis un homme et cela m'excite de porter des dessous féminins. Suis-je seul dans ce cas, et où puis-je trouver des modèles à ma taille ? Selon une étude suédoise parue en mars dernier dans le *Journal of Sex & Marital Therapy* (vol. 31, n° 2, p. 87-95), près de 3 % des hommes et 0,4 % des femmes avouent avoir eu dans leur vie au moins un épisode de travestisme fétichiste (nom savant de cette paraphilie). On n'en meurt pas, et puis la lingerie fine est très agréable à porter. Évitez le string les jours de visite médicale, ou alors saisissez cette occasion pour demander conseil : un traitement à la buspirone (anxiolytique) peut donner de bons résultats. Profitons-en pour rappeler que c'est la Française Herminie Cadolle qui a inventé le soutien-gorge, le 27 juin 1889.

– Je me la suis coincée dans la fermeture Éclair de ma braguette. Dois-je aller faire la queue trois heures aux urgences et supporter les gloussements idiots des infirmières ? Oui, si vous voulez en profiter pour subir une circoncision. Non, si vous avez une bonne paire de pinces à la maison. Après lecture de la dizaine de communications consacrées au sujet dans la littérature médicale, il apparaît que la méthode la plus efficace pour dégager le prépuce (la peau qui recouvre le gland) est de presser avec la pince les deux bords latéraux du mécanisme coulissant de la fermeture (le truc qu'on déplace avec la tirette). Ne pas tirer vers le haut, ni vers le bas, juste presser. Détails et photos dans *Indian Pediatrics* (vol. 43, n° 3, p. 252-254).

– Les femmes le préfèrent-elles long, large, ou sont-elles indifférentes aux mensurations de mon sexe ? Réponse : globalement, elles s'en tapent. Une étude néerlandaise publiée en 2002 dans *European Urology* (vol. 42, n° 5, p. 426-431) rapporte que 77 % des femmes estiment que la longueur du pénis est un point « pas important » (55 %) ou « pas important du tout » (22 %). Seules 21 % trouvent la chose « importante » (20 %) ou

« très importante » (1 %). Idem pour le diamètre. Ces résultats doivent toutefois être nuancés au vu d'une étude publiée en 2001 dans *BMC Women's Health*, selon laquelle les femmes, à tout prendre, la préfèrent grosse que longue. L'échantillon des sondées était relativement restreint (50). Quarante-cinq ont voté pour le diamètre, cinq seulement pour la longueur. Aucune n'a dit qu'elle ne savait pas, ou que longueur et diamètre, c'était kif-kif.

– Les manchots gays peuvent-ils adopter ? La réponse est oui. Roy et Silo, les manchots gays de Central Park qui ont fait couler tant d'encre à New York (lire p. 102), avaient tellement envie d'un bébé manchot qu'ils avaient traîné une pierre jusque dans leur nid et qu'ils la couvaient. Sans grand résultat évidemment. Ému, leur gardien a remplacé la pierre par un œuf fécondé, et c'est ainsi que Tango est né. Ses deux papas s'en sont très bien occupés, et tous trois vous passent le bonjour.

Table

RÉALISATION : PAO ÉDITIONS DU SEUIL
IMPRESSION : CORLET IMPRIMEUR S.A. 14110 CONDÉ-SUR-NOIREAU
DÉPÔT LÉGAL : SEPTEMBRE 2007. N° 94624 (105599)
Imprimé en France

Collection «Science ouverte»
dirigée par Jean-Marc Lévy-Leblond

Titres parus depuis 1990

Hubert Reeves, *Malicorne**, 1990
Abraham A. Moles, *Les Sciences de l'imprécis**, 1990
Edward Harrison, *Le Noir de la nuit*, 1990
Jean-Gabriel Ganascia, *L'Ame-Machine*, 1990
Antoine Danchin, *Une aurore de pierres*, 1990
Jean Bernard, Marcel Bessis, Claude Debru (sous la dir. de), *Soi et Non-Soi*, 1990
Marcel Blanc, *Les Héritiers de Darwin*, 1990
Jean-Louis Boursin, *Les Dés et les Urnes*, 1990
Ivar Ekeland, *Au hasard**, 1991
Max de Ceccatty, *Conversations cellulaires*, 1991
Stephen J. Gould, *La vie est belle**, 1991
Jacques Ninio, *La Biologie buissonnière*, 1991
Daniel Raichvarg & Jean Jacques, *Savants et Ignorants*, 1991
Carl Sagan & Richard Turco, *L'Hiver nucléaire*, 1991
Henri de Saint-Blanquat, *Mémoires de l'humanité*, 1991
Abdus Salam, W. Heisenberg & P.A.M. Dirac, *La Grande Unification*, 1991
Jean-Claude Salomon, *Le Tissu déchiré*, 1991
Jean Gimpel, *La Fin de l'avenir*, 1992
Stella Baruk, *Dictionnaire de Mathématiques élémentaires*, 1992
William Shea, *La Révolution galiléenne*, 1992
Harry Collins, *Experts artificiels*, 1992
Hubert Reeves, *Compagnons de voyage**, 1992
Roger N. Shepard, *L'Œil qui pense**, 1992
Michel Tibon-Cornillot, *Les Corps transfigurés*, 1992
Jacques Vauclair, *L'Intelligence de l'animal**, 1992
Jacques Véron, *Arithmétique de l'Homme*, 1993

* L'astérisque indique les ouvrages disponibles dans les collections de poche « Points Sciences » ou « Points ».

Stella Baruk, *C'est à dire*, 1993
Peter W. Atkins, *Comment créer le monde*, 1993
Albert Einstein et Mileva Maric, *Lettres d'amour et de science*, 1993
Jacques Gapaillard, *Et pourtant, elle tourne !*, 1993
Josiane Olff-Nathan (sous la dir.), *La Science sous le IIIe Reich*, 1993
Stephen J. Gould, *La Foire aux dinosaures**, 1993
Stephen J. Gould (sous la dir. de), *Le Livre de la vie*, 1993
Francis Hallé, *Un monde sans hiver*, 1993
Henri Atlan & Catherine Bousquet, *Questions de vie*, 1994
Jean Chaline, *Une famille peu ordinaire*, 1994
Claudine Cohen, *Le Destin du mammouth**, 1994
Harry Collins & Trevor Pinch, *Tout de ce que vous devriez savoir sur la science**, 1994
Jean Matricon & Georges Waysand, *La Guerre du froid*, 1994
Jacques Ninio, *Stéréomagie*, 1994
Hubert Reeves, *Dernières Nouvelles du cosmos**, 1994
Jacques-Michel Robert, *L'Aventure des neurones*, 1994
Steven Rose, *La Mémoire*, 1994
Hubert Reeves, *La Première Seconde**, 1995
Mirko D.Grmek (collectif sous la dir.)
Histoire de la pensée médicale en Occident, tome I : 1995
Michel Cribier, Michel Spiro & Daniel Vignaud, *La Lumière des neutrinos*, 1995
Thomas Crump, *Anthropologie des nombres*, 1995
Freeman Dyson, *D'Éros à Gaïa*, 1995
Philippe Breton, *A l'image de l'homme*, 1995
Gérard Lambert, *L'Air de notre temps*, 1995
Stephen J. Gould, *Comme les huit doigts de la main**, 1996
Erik Trinkaus & Pat Shipman, *Les Hommes de Neandertal*, 1996
Jean-Pierre Allix, *L'espace humain*, 1996
Paul Feyerabend, *Dialogues sur la connaissance*, 1996
Marie-Angèle Hermitte, *Le Sang et le Droit*, 1996
Giorgio Israel, *La Mathématisation du réel*, 1996
Sven Ortoli & Nicolas Witkowski, *La Baignoire d'Archimède**, 1996
Michel Rival, *Les Apprentis sorciers*, 1996
Mirko D.Grmek (collectif sous la dir.)
Histoire de la pensée médicale en Occident, tome II : 1997
Jean-François Bouvet (sous la dir. de), *Du fer dans les épinards**, 1997

Denis Guedj, *La gratuité ne vaut plus rien*, 1997
Julio Fernandez Ostolaza et Alvaro Moreno Bergareche, *La Vie artificielle*, 1997
Jorge Wagensberg, *L'Ame de la méduse*, 1997
Stephen J. Gould, *L'Éventail du vivant**, 1997
Roshdi Rashed (collectif sous la dir.)
Histoire des sciences arabes (T. I, II, III), 1997
Nicolas Prantzos, *Voyages dans le futur*, 1998
Robert Bell, *Les péchés capitaux de la haute technologie*, 1998
Marcia Ascher, *Mathématiques d'ailleurs*, 1998
Peter Westbroek, *Vive la Terre*, 1998
Stephen J. Gould, *Millénium*, 1998
Hubert Reeves, *Oiseaux, merveilleux oiseaux*, 1998
Claudine Cohen, *L'Homme des origines*, 1999
Alexei Sossinsky, *Nœuds*, 1999
Pascal Richet, *L'Age du monde*, 1999
Charles Frankel, *La vie sur Mars*, 1999
Sylviane Gasquet, *Plus vite que son nombre*, 1999
Jean Claude Ameisen, *La Sculpture du vivant**, 1999
Francis Hallé, *Eloge de la plante*, 1999
Jacques Testart, *Des hommes probables*, 1999
Mirko D.Grmek (collectif sous la dir.)
Histoire de la pensée médicale en Occident, tome III : 1999
Giorgio Israel, *Le jardin au noyer*, 2000
Ivar Ekeland, *Le meilleur des mondes possibles*, 2000
Laszlo Mérö, *Les aléas de la raison*, 2000
Bertrand Jordan, *Les imposteurs de la génétique*, 2000
Jean-François Bouvet, *La stratégie du caméléon*, 2000
Stephen Jay Gould, *Les quatre antilopes de l'apocalypse*, 2000
Stephen Jay Gould, *Et Dieu dit : « Que Darwin soit ! »*, 2000
Jean-Jacques Kupiec, Pierre Sonigo, *Ni Dieu ni gène**, 2000
Michel Mayor et Pierre-Yves Frei, *Les Nouveaux mondes du cosmos*, 2001
Pablo Jensen, *Entrer en matière**, 2001
Stephen Jay Gould, *Les Coquillages de Léonard*, 2001
Dominique Proust, *L'Harmonie des sphères*, 2001
Michel Blay, Efthymios Nicolaïdis (collectif sous la dir.), *L'Europe des sciences*, 2001
Bruno Jacomy, *L'Âge du plip*, 2002
Jean-Marc Jancovici, *L'Avenir climatique**, 2002
Stephen Jay Gould, *Les Pierres Truquées de Marrakech*, 2002
Bertrand Jordan, *Le Chant d'amour des concombres de mer*, 2002

Nicolas Bouleau, *La règle, le compas et le divan*, 2002
Tijs Goldschmidt, *Le Vivier de Darwin*, 2003
Edward O. Wilson, *L'Avenir de la vie*, 2003
Nicolas Witkowski, *Une histoire sentimentale des sciences**, 2003
Bertrand Jordan, *Les Marchands de clones*, 2003
Hubert Reeves avec Frédéric Lenoir, *Mal de Terre**, 2003
Claude Gudin, *Une histoire naturelle de la séduction*, 2003
Richard C. Lewontin, *La Triple Hélice*, 2003
Catherine Bousquet, *Bêtes de Science*, 2003
Nicolas Chevassus-Au-Louis, *Savants sous l'Occupation*, 2004
Stephen Jay Gould, *Cette vision de la vie*, 2004
Oilivia Judson, *Manuel universel d'éducation sexuelle à l'usage de toutes les espèces**, 2004
Edouard Launet, *Au fond du labo à gauche**, 2004
Jean-Luc Renck, *L'Écho du quetzal*, 2004
Jean Eisenstaedt, *Avant Einstein*, 2005
Thomas Sandoz, *Histoires parallèles de la médecine*, 2005
Hubert Reeves, *Chroniques du ciel et de la vie*, 2005
Bernard Maitte, *Histoire de l'arc-en-ciel*, 2005
Nicolas Witkowski, *Trop belles pour le Nobel**, 2005
Jacques Véron, *L'Espérance de vivre*, 2005
Stephen Jay Gould, *Le Renard et le Hérisson*, 2005
Serge Brunier, *Impasse de l'espace*, 2006
Robert Barbault, *Un éléphant dans un jeu de quilles*, 2006
Nicolas Chevassus-au-Louis, *Les Briseurs de machines*, 2006
Édouard Launet, *Viande froide, cornichons**, 2006
Jean-Michel Besnier, *La Croisée des sciences*, 2006
New Scientist, *Mais qui mange les guêpes ?*, 2006
David Berlinski, *La Tentation de l'astrologie*, 2006
Jean-Marc Lévy-Leblond, *La Vitesse de l'ombre*, 2006
Brigitte Proust, *Petite géométrie des parfums*, 2006
Dominique Proust/Jean Schneider, *Où sont les autres ? À la recherche de la vie dans l'univers*, 2007
Denis Noble, *La Musique de la vie. La biologie au-delà du génome*, 2007
Charles Frankel, *Terre de France. Une histoire de 500 millions d'années*, 2007
New Scientist, *Pourquoi les manchots n'ont pas froid aux pieds ?*, 2007
Claudine Cohen, *Un néandertalien dans le métro*, 2007
Pierre Cassou-Noguès, *Gödel, logique et folie*, 2007